JN119075

steinberg

CUBASE 11
攻略BOOK

Contents
目 次

目次

参考曲から学ぶ実践テクニック·····179

7

Chapter

Special Index
スペシャルインデックス·····221

曲作りを始める前に
知っておきたいこと

DAWソフト「Cubase」の特徴

音楽プロデューサー、作曲家、ギタリスト、DJ、エンジニア、ボカロPなど、幅広いクリエイターに
支持されている「Cubase（キューベース）」。このCubaseを使うと一体どういったことが行なえ
るのか!?　まずはソフトの大まかな特徴をダイジェストで紹介していこう。

●オーディオ録音

ボーカルやギターなどの演奏は、オーディオインターフェースを
介してCubaseに録音できる。録音したデータは波形としてグラ
フィカルに表示される　**NOTE①**

NOTE①

Cubaseでは録音したオーディオデータのことを「オーディオイベント」、バックトラック作りに使用するMIDIデータのことを「MIDIイベント」と呼んでいる

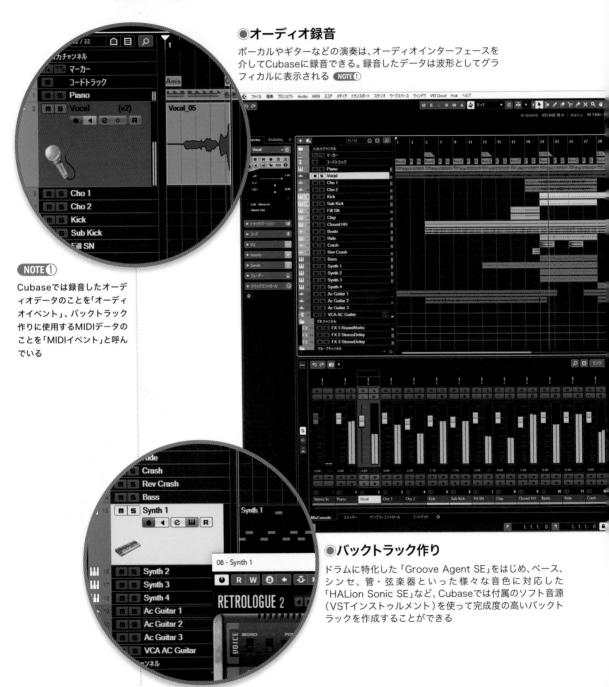

●バックトラック作り

ドラムに特化した「Groove Agent SE」をはじめ、ベース、
シンセ、管・弦楽器といった様々な音色に対応した
「HALion Sonic SE」など、Cubaseでは付属のソフト音源
（VSTインストゥルメント）を使って完成度の高いバックト
ラックを作成することができる

※DAWとは "デジタルオーディオワークステーション" の略で、音楽制作ソフトのことを意味しています。

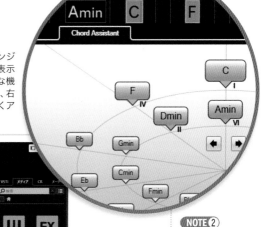

◉曲作りをサポートする様々な機能を装備

楽曲のテンポを管理するための「テンポトラック」、構成・アレンジ
を練る際に便利な「アレンジャートラック」、曲のコード進行を表示
／設定可能な「コードトラック」など、曲作りを支援する様々な機
能を搭載。また、プロジェクトウィンドウを左ゾーン、下ゾーン、右
ゾーンに分け、作業効率や視認性をアップ。目的の操作に素早くア
クセスできるように設計されているのもポイントだ NOTE②

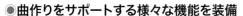

NOTE②

「左ゾーン」、「下ゾーン」、「右
ゾーン」を表示するか、しない
かはプロジェクトウィンドウ
右上のアイコンでオン/オフ
が設定できる

◉サウンドメイク&ミックス

音量や定位の調整、エフェクトによるサウンドメイクは、各トラックの「チャンネル
設定」や「MixConsole」で行なえる。なお、Cubase11では、各バンドにDynamic
モードを装備した「Frequency 2」や「Squasher」などが新たに追加された

Cubase Pro 11 主な動作環境

OS（Mac）：macOS Mojave、macOS Catalina、macOS Big Sur
OS（Windows）：64-bit Windows 10 Version 1909、64-bit Windows 10 Version 2004
CPU：Intel Core i シリーズ / AMD Ryzen マルチコア (Intel i5 以上推奨)
メモリ：推奨 RAM サイズ 8 GB以上 (最低 4 GB以上)
ディスク空き容量：35 GB 以上 (Cubase Pro 11 / Cubase Artist 11)、25 GB 以上 (Cubase Elements 11)

Chapter 1 機材のセットアップ

Cubaseで高音質なサウンドを録音したり再生するには、オーディオインターフェースの使用を強くオススメしたい。また、バックトラックの作成にはMIDIキーボードもあるといいだろう。ここでは、曲作りを始める前の機材のセットアップについて解説していこう。

● オーディオインターフェース

← ↓ ドライバーのインストールが済んだら製品とコンピュータをUSBケーブルで接続する

↑ オーディオインターフェースを使用する場合、まずは製品のWebサイトなどから最新のドライバーをダウンロード&インストールしておこう（※上画面は、デスクトップタイプで人気のオーディオインターフェース、スタインバーグ「UR28M」のドライバーダウンロードサイト）

NOTE①
「UR28M」には「1/L」と「2/R」以外にも「3/L」、「4/R」、「5/L」、「6/R」という全3系統のアウトプットが用意されており、異なるスピーカーを切り替えてモニターできるのが特徴だ

↑ 続いて、オーディオインターフェースのアウトプット（UR28Mの場合は「1/L」と「2/R」）にスピーカーをつないでおこう。写真のスピーカーは小型で迫力のあるサウンドが特徴のIKマルチメディア「iLoud Micro Monitor」だ **NOTE①**

●MIDIキーボード

← MIDIキーボードの多くは、付属のUSBケーブルをコンピュータと接続するだけで使用準備が整うモデルがほとんどだ **NOTE②** **NOTE③**

●USB-eLicenser (Steinberg Key)

← Cubase11を起動するには、製品購入時に発行されたライセンスを使ってアクティベーションした「USB-eLicenser（USBドングル）」をコンピュータにつないでおく必要がある（※アクティベーションの方法はスタインバーグのサイトを参照してください）

NOTE②

MIDI端子を搭載したMIDIキーボードとオーディオインターフェースを使用する場合は、MIDIケーブルを使ってお互いをつなげばいい。なお、モデルによってはMIDIドライバーを別途インストールする必要がある製品もある

NOTE③

MIDIキーボードを弾いた時にCubaseの右下にある「MIDI入力」のレベルメーターが振れていれば、MIDIキーボードからの信号を正しく受信できている証拠だ。もしレベルメーターが振れない場合は、USBケーブルをつなぎ直して、「スタジオ」メニューから「スタジオ設定」→「MIDIポートの設定」で自分の利用するモデル名が表示されているかを確認しよう

↑ こちらはオーディオインターフェース、MIDIキーボード、スピーカーなどを配置してみたところ。写真ではWindowsのノートPCを使っているが、Cubase11はWindows／Mac両プラットフォームに対応している。MacBook Proなどでも同様の手順で機材のセットアップを行なえばいい **NOTE④**

NOTE④

オーディオインターフェース、MIDIキーボード、ドングル、マウスなど、多くの機材をコンピュータにつなごうとすると、USB端子が足りなくなるケースも出てくる。そんな時は、USBハブを活用してUSB端子を確保しよう

曲作りを始めよう！
（新規プロジェクトの作成と保存）

Cubaseでは、楽曲データのことを「プロジェクト」と呼んでいる。まずは、曲作りの最初のステップとして「新規プロジェクトの作成」方法と、作業した後の「プロジェクトの保存」方法、そして楽曲のデータ全体を「バックアップ」する方法を紹介しよう。

←↓WindowsはデスクトップのアイコンをダブルクリックMacではアプリケーションフォルダの中のアイコンをダブルクリックするとCubase11が起動する

NOTE①

「steinberg hub」では「レコーディング」、「スコア作成」、「プロダクション」、「マスタリング」といったカテゴリーのテンプレートが用意されている。例えば「プロダクション」を選ぶと、ロック、ダンス、ジャズなどに特化したプロジェクトを作成することができる

↓Cubase11では、最初にプロジェクトのテンプレートや保存場所などを決める「steinberg hub」という下記の画面が表示される。ここでは真っ新なプロジェクトを新規に作成するために「その他」の中にある「Empty」を選んでみよう **NOTE①**

NOTE②

保存先で「既定の場所を使用」にチェックを入れた場合、次に新規プロジェクトを作成した際に、指定した階層にフォルダーが自動的に作成される。一方の「プロジェクトの場所を表示」にチェックを入れた場合は、新規プロジェクトを作成するたびに、保存先の階層を指定する画面が表示されることになる

➡プロジェクトの保存先は初期設定では「Cubase Projects」フォルダとなっているが、次ページで紹介しているようにフォルダー部分をクリックすると任意の場所に変更することができる **NOTE②**

← 保存先のフォルダー部分をクリックすると、左のフォルダーの階層を指定する画面が表示される。ここでは「デスクトップ」を指定して、デスクトップ上に「MusicMaster」というプロジェクトフォルダーを作成してみよう（プロジェクトフォルダーの名称はダブルクリックすると変更可能だ）

NOTE 3

「作成」をクリックすると、このようにデスクトップに「MusicMaster」という名称のフォルダーが作成される

↑ 準備ができたら「作成」をクリックする **NOTE 3**

↑ すると、真っ新な状態のプロジェクトが起動（表示）される

←プロジェクトを保存するには「ファイル」メニューから「保存」、または「名前をつけて保存」をクリックしよう

NOTE④

プロジェクトを保存した後、右上の「閉じる」ボタン、または「ファイル」メニューの「終了」を押すと、プロジェクトを閉じることができる

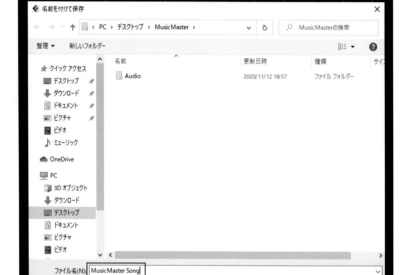

MusicMaster Song

↑プロジェクトに名前を付ける画面が表示されるので、ファイル名に曲のタイトルなどを入力して「保存」ボタンを押す。ここでは「MusicMaster Song」という名前を付けてみた **NOTE④**

➡「保存」ボタンを押すと、プロジェクトフォルダー（MusicMaster）の中にプロジェクトファイル（MusicMaster Song.cpr）が作成される。プロジェクトを閉じた後、再度曲作りを再開するには、このプロジェクトファイルをダブルクリックすればいい

POINT プロジェクトの「バックアップ」を行なう方法

Cubase11では、プロジェクトを単に保存するだけではなく、レコーディングしたオーディオファイルなども含めてバックアップを行なうことができる。バックア ップのオプションメニューには、「未使用のファイルを削除」するといった項目も用意されており、完成したプロジェクトをコンパクトにまとめられる点もポイントだ。

↑→まずプロジェクトをバックアップするためのフォルダーを作成（ここでは「BackUp MM Song」を作成）し、「ファイル」メニューから「プロジェクトのバックアップ」を選択する

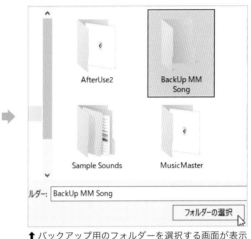

↑バックアップ用のフォルダーを選択する画面が表示されるので、先ほど作成したフォルダーを指定しよう

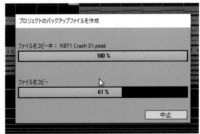

↑「プロジェクトバックアップのオプション」画面が表示されるので、プロジェクト名に名前を付けて「OK」ボタンを押す。なお、この時「未使用のファイルを削除」にチェックを入れておくと、プロジェクトで使わなかったオーディオファイル（NGテイク）を抜いた状態でバックアップを取ることもできる

→バックアップが完了すると、このようにフォルダーの中にプロジェクトファイルなどがコピーされる

Chapter 1

音が出ない時はここをチェック！
（オーディオシステムの確認方法）

Cubaseの最初のトラブルで最も多いのは、プロジェクトを起動したけれど「音が出ない・・・」という問題だ。具体的なレコーディングの手順を紹介する前に、Cubaseにおけるオーディオシステムの確認方法について触れておこう。

←オーディオシステムの確認をするには、「スタジオ」メニューから「スタジオ設定...」をクリックする

NOTE①

MacBook Proなど、Macに標準搭載されているオーディオ装置（ヘッドホンやスピーカー）で楽曲を再生する場合は、ASIOドライバーで「内蔵オーディオ」を選択すればいい

NOTE②

ASIOドライバーの下には、入力や出力のレイテンシー（発音の遅れ）も表示されている。クオリティの高いオーディオインターフェース（ドライバー）を利用すると、このレイテンシーの問題が軽減され、曲作りの際のストレスも解消される

入力のレイテンシー	16.440 ms
出力のレイテンシー	19.410 ms

↑すると「スタジオ設定」画面が表示されるので、左側の項目から「オーディオシステム」を選択して、右側のASIOドライバーの項目に自分が使用しているオーディオインターフェースのドライバー名が表示されているかを確認しよう。今回は例として「UR28M」を利用しているので、ドライバー名が「Yamaha Steinberg USB ASIO」になっていればOKだ。もし、ドライバー名が表示されていない場合は、製品のWebサイトなどから最新のドライバーを再度インストールするようにしよう
NOTE① **NOTE②**

ギターやボーカルの録音方法

Chapter **2**

Chapter 2 録音時のガイドとなるメトロノームの設定

真っ新なプロジェクトにギターやボーカル、ドラムといった生楽器を録音する場合、「ピッ、ポッ、ポッ、ポッ」というメトロノームがあると、正確なテンポの演奏がキープしやすい。まずは、この録音の基本とも呼べるメトロノームの設定方法から解説していきたいと思う。

●メトロノームを鳴らす

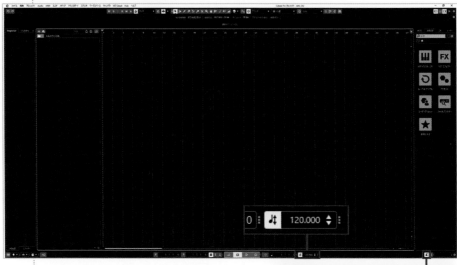

ShortCut

メトロノームはWindows/Macともにキーボードの「C」キーでオン/オフが切り替えられる

↑➡メトロノームはプロジェクト右下の「メトロノームクリックを有効化」のボタンでオン/オフすることが可能だ。ボタンを有効にすると、楽曲のテンポ（画面はデフォルトの状態のテンポ120）に沿ってメトロノームを鳴らすことができる **ShortCut**

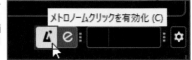

POINT メトロノームが鳴らない時は「メトロノーム設定」のクリックの出力先を確認しよう！

←↑メトロノームの音が鳴らない場合は、「トランスポート」→「メトロノーム設定」から左のメトロノーム設定を開き、「全般」の「クリックの出力先」の中にある「オーディオクリック出力先」の「選択...」で「Stereo Out」にチェックが入っているかを確認しよう

● メトロノームで鳴らすパターンを変更する

← メトロノームの「クリックパターン」をクリックすると、「クリックパターンエディター」が表示され、クリックのパターンを編集することができる (NOTE①)

← デフォルト（初期設定）では、クリック数が「4」で「ピッ、ポッ、ポッ、ポッ」というように、最初のクリックが強く鳴るように設定されている

● クリック音の音量レベルを変える

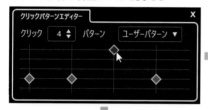 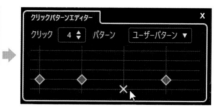

←↑ クリックの音量レベルは、マウス操作で簡単に変更することができる（画面左上は1番目のクリックの音量レベルを下げて、3番目のクリック音を上げた状態）。強弱は下から上に×（鳴らさない）、グレー、黄緑、オレンジ、赤の5段階が用意されている

● クリック数を変える

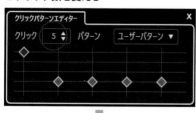 

←↑ 「クリック」と書かれた部分の数字を変えると、1小節で鳴らすクリックの回数を変更することができる。8ビートや16ビートのクリックはもちろん、変拍子的なクリックを鳴らすことも可能だ

録音中、再生中、カウントイン
中といったメトロノームをど
のタイミングで用いるかは、
「メトロノーム設定」の「全
般」内にある「クリックオプ
ション」で決められる

クリックオプション
- ☑ 録音中のクリック
- ☑ 再生中のクリック
- ☑ カウントイン中のクリック

●録音の前にカウントを入れるには？

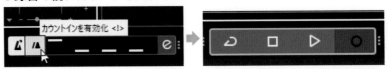

カウントインを有効化 <!>

↑メトロノームのクリック音を再生中や録音中だけではなく、録音の前のカウントにも使いた
い場合は「カウントインを有効化」をオンにしよう。これで、「録音」ボタンを押した時に「ピッ、
ポッ、ポッ、ポッ」というカウントを入れることができる NOTE 2

➡カウントインで使用される小節
数はデフォルトでは2小節となっ
ている。録音時のカウントの小節
数を変更したい場合は、「メトロノ
ーム設定」の「全般」内にある「カ
ウントイン内の小節数」の値を変
更すればいい

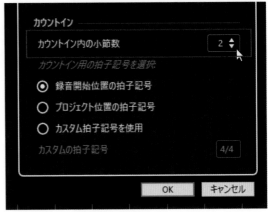

カウントイン

カウントイン内の小節数　　　　2

カウントイン用の拍子記号を選択

- ◉ 録音開始位置の拍子記号
- ○ プロジェクト位置の拍子記号
- ○ カスタム拍子記号を使用

カスタムの拍子記号　　　　4/4

OK　　キャンセル

POINT 自分好みのクリックパターンを「ユーザーパターン」として保存する

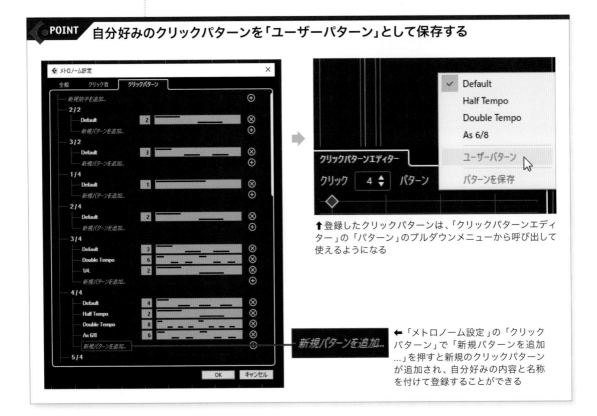

↑登録したクリックパターンは、「クリックパターンエディ
ター」の「パターン」のプルダウンメニューから呼び出して
使えるようになる

← 「メトロノーム設定」の「クリック
パターン」で「新規パターンを追加
...」を押すと新規のクリックパターン
が追加され、自分好みの内容と名称
を付けて登録することができる

曲のテンポ/拍子を設定する

Chapter 2

レコーディングを始める際に、メトロノームの設定と同時に覚えておきたいのがプロジェクトのテンポや拍子の設定だ。Cubaseでは「テンポトラック」や「拍子トラック」を使うことで、曲中のあらゆる位置で自由にテンポや拍子を変更することができる。

●曲のテンポを決める

↑楽曲のテンポは、プロジェクト右下にある「テンポ」で設定可能だ。数値の横の上下の矢印を使うか、数値を直接タイプして値を入力してやろう NOTE①

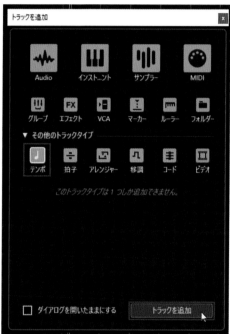

↑→曲中でテンポチェンジを行ないたい場合は、テンポトラックを活用しよう。テンポトラックは「＋（トラックを追加...）」ボタンを押すと表示される「トラックを追加」画面で、「その他のトラックタイプ」の中にある「テンポ」を選択後、「トラックを追加」を押すと作成できる NOTE② NOTE③

テンポトラックのInspector

↑「鉛筆」ツールで任意の位置にポイントを入力し、そのまま上下させるとテンポチェンジが設定できる。この時、グリッドの間隔を「小節」、スナップをオンにしておくと、小節の頭でテンポチェンジが設定しやすい。また、テンポトラックのInspector（インスペクター）では入力したポイントの情報を細かく確認&編集することができる。インスペクターも利用しながらテンポチェンジを設定していこう NOTE④

NOTE①

楽曲にもよるが、一般的なポップスのテンポは100前後、ロックは幅広く70〜180程度、バラードは70〜90前後、ハウスやEDMは128〜140前後がひとつの目安になるだろう

NOTE②

Cubaseではアクティブとなったテンポトラックをオフにした場合（テンポ左のボタンでオン/オフ可能）、テンポトラックとは別に設定した固定のテンポが利用できる。例えば、速いテンポの曲を作っている際に、録音前の練習用として遅いテンポのメトロノームを鳴らしたい時などに活用するといい

オンの状態

オフの状態

NOTE③

テンポトラックは「プロジェクト」メニューの「トラックを追加」または右クリックメニューからも作成できる

NOTE④

設定したテンポのポイントはWindowsでは「BackSpace（Delete）」、Macでは「delete」で削除できる

●テンポチェンジのモードについて

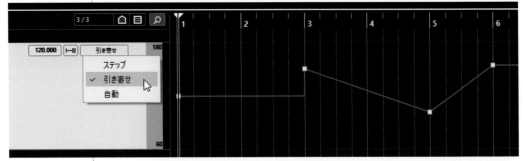

↑テンポトラック上の各ポイントは、小節や拍のタイミングで一気にテンポが切り替わる「ステップ」、小節間を徐々にテンポチェンジしていく「引き寄せ」、入力する場所によって自動的に「ステップ」と「引き寄せ」が切り替わる「自動」から任意のモードを選ぶことができる。自分の求める曲の展開に応じて、各モードをうまく使い分けるといい

NOTE 5

拍子トラックは「プロジェクト」メニューの「トラックを追加」または右クリックメニューからも作成できる

●曲の拍子を決める

↑→続いて曲の拍子の設定方法を紹介していこう。拍子を設定＆管理するための「拍子トラック」はテンポトラック同様、「＋（トラックを追加...）」ボタンを押すと表示される「トラックを追加」画面で、「その他のトラックタイプ」から作成できる NOTE 5

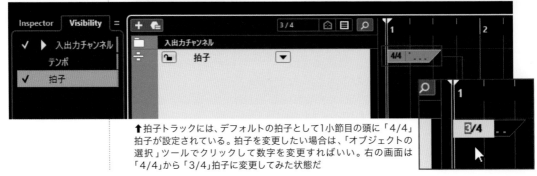

↑拍子トラックには、デフォルトの拍子として1小節目の頭に「4/4」拍子が設定されている。拍子を変更したい場合は、「オブジェクトの選択」ツールでクリックして数字を変更すればいい。右の画面は「4/4」から「3/4」拍子に変更してみた状態だ

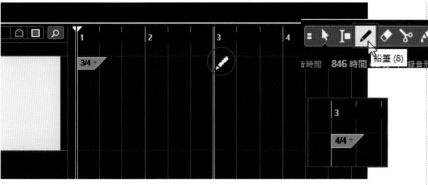

↑拍子トラック上の任意の位置を「鉛筆」ツール
でクリックすると、新たな拍子を追加することが
できる。P.19で紹介したテンポチェンジ同様、小
節の頭で拍子を切り替えたい場合は、グリッド
の間隔を「小節」、スナップをオンにしておくの
がポイントだ NOTE 6

NOTE 6
拍子トラックの「▼」メニュー
の中から「ロケーター間の
オーディオクリックをレンダ
リング」を実行すると、メトロ
ノームをオーディオトラック
に書き出すことができる

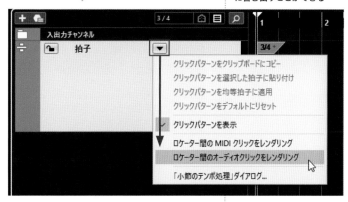

POINT プロジェクトには「テンポトラック」や「拍子トラック」を必要に応じて表示させよう

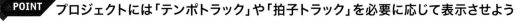

← 作成したトラックを表示したり非表示にするには、左ゾーンの
「Visibility」を使うと便利だ。任意のトラックにチェックを入れることで、簡
単にトラックの表示／非表示が設定できる

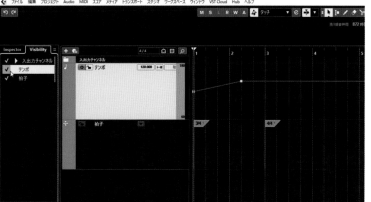

↑「テンポトラック」や「拍子トラック」は、曲作りを行なう際に常にプロジェクトに表示し
ておく必要はない。限られた画面スペースの中で効率良く作業するには、必要に応じて作
成したトラックを表示したり、非表示させていくのが得策だ

アコースティックギターを録音する

Chapter 2

メトロノームや曲のテンポの設定ができたら、いよいよギターやボーカルといった各パートの録音方法について解説していこう。Cubaseでは付属のプラグインエフェクトを使ったレコーディングも可能だが、ここではシンプルにマイクを使ってアコギの音を録る手順から紹介していきたいと思う。

●アコギの音を録るためのマイクの準備

↑まず、アコギを録音するためのマイクをオーディオインターフェースに接続する（今回はオーディオインターフェースの例としてスタインバーグ「UR28M」を使用）。UR28Mはインプット「1」と「2」がマイク入力に対応しているので、ここではインプット「1」にマイクを接続してみた。ちなみに、コンデンサーマイクを利用する際は、「+48」のスイッチも忘れずにオンにしよう

ShortCut

「＋（トラックを追加...）」の操作は、Windows/Macともにキーボードの「T」でショートカット操作可能

●アコギ用のオーディオトラックを作成する

↑続いて、アコギを録音するためのオーディオトラックを作成するために、プロジェクトの左上にある「＋（トラックを追加...）」ボタンを押す

♪ShortCut

➡「トラックを追加」のダイアログが表示されるので、上段の種類から「Audio」を選択しよう

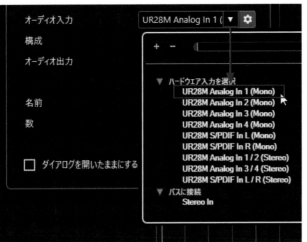

←オーディオ入力のプルダウンメニューからハードウェア入力を選択する。今回はUR28Mのインプット「1」にマイクを接続しているので、「UR28M Analog In 1（Mono）」を選択すればいい（NOTE①）

NOTE①

ハードウェア入力の項目は、使用するオーディオインターフェースによって自動的に名称が付けられている。例えば、スタインバーグ「UR22mkⅡ」を使用している場合は、下記のように表示される

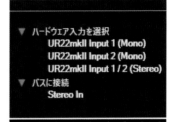

←ハードウェア入力が設定できたらトラックに名前を付けて「トラックを追加」を押す。ここでは「AC Guitar」という名前ののオーディオトラックを1つ作成してみよう（NOTE②）

NOTE②

アコギはマイク1本で録るので、オーディオトラックの構成は「Mono」、オーディオ出力は「Stereo Out」としている

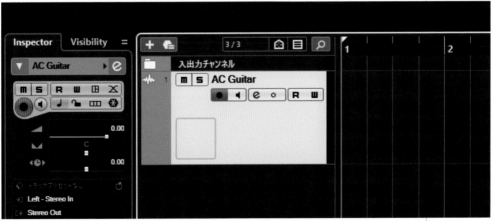

↑すると、プロジェクト上に「AC Guitar」というオーディオトラックが作成（表示）される

NOTE ③

「モニタリング」ボタンが点灯
すると、入力された信号をレベ
ルメーターでも確認できるよ
うになる。アコギを試し弾きし
ながら、マイクの音量レベルを
オーディオインターフェース
のインプットゲインで調整し
てやろう

● モニタリングをオンにする

← オーディオトラックに入力された信号は、「モ
ニタリング」ボタンをオン（点灯させる）にする
と聴くことができる。「モニタリング」ボタンを
オンにできたら、アコギを試しに弾いてみて入
力レベルを確認していこう **NOTE**③

●「録音」ボタンを押してアコギのレコーディングを開始

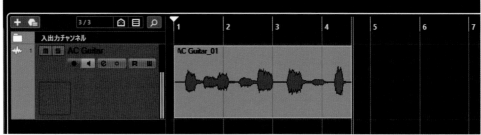

ShortCut

拡張キーボードを使っている
場合、テンキーの「*」（アスタ
リスク）ボタンで「録音」、「0」
（ゼロ）ボタンで「停止」、「.」
（ピリオド）ボタンで「プロジ
ェクトの開始位置へ移動」、
「Enter」（エンター）ボタン
で「再生」の操作を行なうこ
とができる

↑ 準備ができたら「録音」ボタンを押してレコーディ
ングを開始しよう。マイクで録音する場合、スピー
カーからの音が入らないように、スピーカーをオ
フ（ミュート）にしてヘッドホンでレコーディング
するのが基本だ（メトロノームのクリックを聴きな
がら録音する）。ちなみに、UR28Mの場合は本体
の「MUTE」スイッチで簡単にスピーカーの音をミ
ュートすることができる **ShortCut**

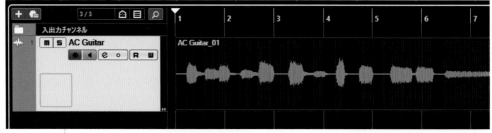

↑ 演奏が終わったら「停止」ボタンを押してレコーディ
ングを停止する。なお、演奏を間違えた場合は、波形（オー
ディオイベント）を「Delete」キーで消去して、録音操
作をやり直せばいい **ShortCut**

● モニタリングをオフにする

← 録音したアコギの音を聴くには、「モニタリング」ボタンをオフにする必要がある

● 「再生」ボタンを押して録音したアコギを確認してみる

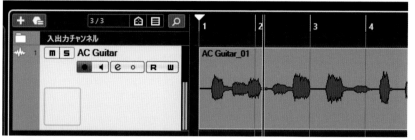

🖥 **ShortCut**

録音したオーディオイベントを選択した状態で「L」を押すと、再生ポジションをイベントの頭に移動することができる

↑ 「モニタリング」ボタンがオフにできたら「再生」ボタンを押して、録音したアコギをプレイバックして聴いてみよう ▶ShortCut

---

POINT **アコギをうまく録音するためのマイクセッティング**

解説:間瀬哲史(エンジニア)

● ネックとホールの中間辺りに立てる

← このマイキングが一番オーソドックスなものになります。個体差はありますが、ホール側にマイクを向けると低音が増して、逆にネック寄りにすると低音がスッキリと聴こえてくるので、そのバランスを見ながら調整していくといいと思います

● 少し上の方に立てる

← エアー感も含めて録りたい時は、少し上の方にマイクを立てます。このマイキングだと、多少動きのある演奏でも音がばらつきにくく、うまく音を拾えます

● 近い位置に立てる

← バンドサウンドに埋もれない音を録りたい場合は、ペンシル型のマイクでピンポイントに狙います。僕の場合、写真のようにネックに近い付けて斜めにマイキングすることが多いです

ボーカルを録音する

アコギの録音に続いて、ボーカルの録音手順を紹介していこう。ボーカルもアコギ同様マイクで録音するわけだが、ヘッドホンでモニターする声に、軽くリバーブをかけておくと歌いやすい。ここでは「FX（エフェクト）トラック」を併用するセンドエフェクトの掛け方についても触れていこう。

●ボーカル用のオーディオトラックを作成する

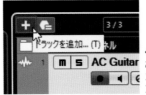

←まず始めにプロジェクトの左上にある「＋（トラックを追加...）」ボタンを押して、「トラックを追加」ダイアログを表示させる

NOTE❶

「ダイアログを開いたままにする」にチェックを入れた状態で「トラックを追加」を押すと、文字通り「トラックを追加」ダイアログを開いたままにすることができる。オーディオトラックに続けて、FXトラックを作成する際はチェックを入れておくと、いちいち「トラックを追加」ボタンを押す手間が省けて便利だ

☑ ダイアログを開いたままにする

←「トラックを追加」のダイアログが表示されたら「Audio」を選択し、オーディオ入力や構成などを設定する。ここでは、先ほどアコギを録音した際につないだマイクをそのまま使うことを前提に、オーディオ入力は「UR28M Analog In1」、構成は「Mono」、名前は「Vocal」としてみた **NOTE❶**

←「トラックを追加」ボタンを押すと、Vocalという名前のオーディオトラックが作成される

●FXトラックを作成する（センドエフェクト用のリバーブを設定する）

←続いて、「トラックを追加」ダイアログで「FXトラック」を選択し、ボーカルのモニターに利用するリバーブを選択しよう。今回はリバーブとして「Reverb」→「RoomWorks」をチョイスしてみた NOTE 2

NOTE 2

UR28Mには、本体（ハードウェア）に「Channel Strip」、「REV-X」、「Guitar Amp Classics」の3つのDSPエフェクトが搭載されている。ボーカルにリバーブを掛けるには「REV-X」を活用する手もありだ。DSPエフェクトを利用することで、P.35で紹介しているようなレイテンシー（発音の遅れ）のない快適なモニター環境を実現できる。なお、「REV-X」のリバーブ量（モニターに掛けるリバーブ量）は「スタジオ設定」のダイアログのダイレクトモニタリングをオンにした状態で、MixConsoleの「HARDWARE」にあるrevのセンドレベルで調整可能だ

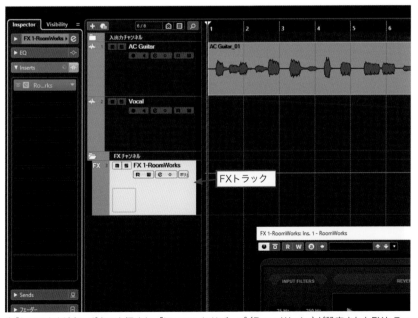

↑「トラックを追加」ボタンを押すと、「Inserts」にリバーブ（RoomWorks）が設定されたFXトラックが作られる

●オーディオトラックの「Sends」にFXトラックを割り当てる

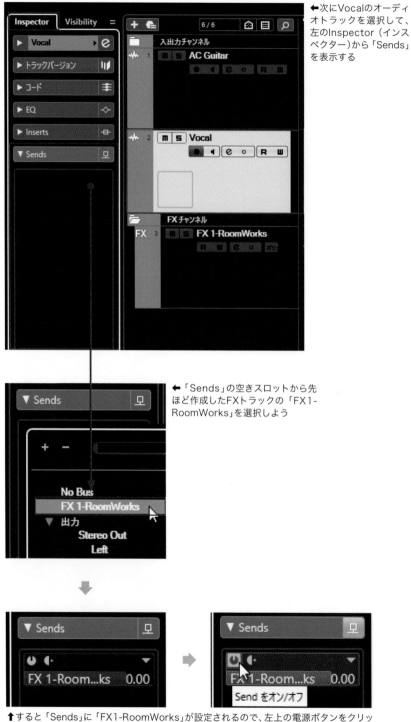

←次にVocalのオーディオトラックを選択して、左のInspector（インスペクター）から「Sends」を表示する

←「Sends」の空きスロットから先ほど作成したFXトラックの「FX1-RoomWorks」を選択しよう

↑すると「Sends」に「FX1-RoomWorks」が設定されるので、左上の電源ボタンをクリックして点灯させる。これで、ボーカルのオーディオ信号がFXトラックに流れるようになる

● モニタリングをオンにする

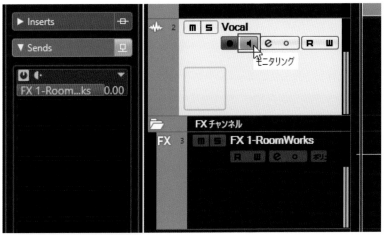

← Vocalのオーディオトラックの「モニタリング」ボタンをオンにして、試しにマイクで歌ってみよう。スピーカーやヘッドホンからリバーブの掛かった声が聴こえてくるはずだ

NOTE 3
センドエフェクトは、エフェクトの掛かり具合を「センドレベル」で調整できるのが特徴だ。一般的にはリバーブやディレイといった空間系のプラグインエフェクトを、センドエフェクトとして使用することが多い。また、各トラックの「Sends」の送り先を同じFXトラックに指定することで、複数の異なるトラックから同じエフェクトを利用できるのもポイントだ

← 声に掛けるリバーブの量（FXトラックへの信号の送り量）は、センドのバーを左右にドラッグすると調整できる。歌いやすい残響になるように設定しよう **NOTE 3**

●「録音」ボタンを押してボーカルのレコーディングを開始

↑ 準備ができたら「録音」ボタンを押してボーカルを録音してみよう。前述した通り、マイクで録音する場合は、スピーカーからの音が入らないようにヘッドホンで音をモニターしながらレコーディングするのが基本だ

Cubase 11ではオーディオトラックを選択した状態で、右クリックメニューの「選択チャンネルにFXチャンネル...」でもFXトラックを作成することができる。この方法でFXトラックを作成した場合、オーディオトラックの「Sends」のルーティング（割り当てる操作）をCubaseが自動的に行なってくれるのがポイントだ。時短テクニックとして、ぜひとも覚えておくといいだろう。

↑希望のトラックを選択した状態で、右クリックメニューから「トラックを追加」→「選択チャンネルにFXチャンネル...」をクリックする

➡FXトラックに読み込むエフェクトを指定し、名前を付けて「トラックを追加」ボタンを押す

➡すると、そのトラックの「Sends」の送り先にFXトラックが自動的にアサインされた状態を瞬時に作ることができる

エレキギターを録音する

Cubase 11には、ギターアンプやエフェクトペダルをシミュレーションしたプラグインエフェクト「VST Amp Rack」が用意されている。ここでは、インサートエフェクトに「VST Amp Rack」を読み込んで、エレキギターを録音していく手順を解説していこう。

●エレキギター用のオーディオトラックを作成する

← プロジェクトの左上にある「＋（トラックを追加...)」ボタンを押す

←「トラックを追加」のダイアログが表示されたら「Audio」を選択し、トラックを作成する。ここではエレキギターをUR28Mのインプット「2」に接続したので、オーディオ入力は「UR28M Analog In2」、構成は「Mono」、名前は「E Guitar」としてみた NOTE①

NOTE①

エレキギターやエレキベースなどの出力インピーダンスの高い楽器を接続する場合は、Hi-Zをオンにする必要がある

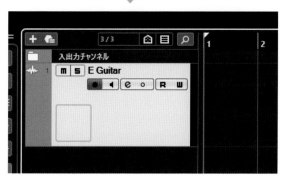

←「トラックを追加」ボタンを押すと、E Guitarという名前のオーディオトラックが作成される

NOTE ②

「Inserts（インサート）」とは、「挿入する」「差し込む」という意味だ。作成したオーディオトラックの信号に、任意のエフェクトを挟み込んで使用することを「インサートエフェクト」と呼ぶ。なお、インサートエフェクトが設定されたFXトラックに信号を分岐させて、その信号の送り量に応じてエフェクトを掛けることを「センドエフェクト」と呼んでいる

●インサートに「VST Amp Rack」を設定する

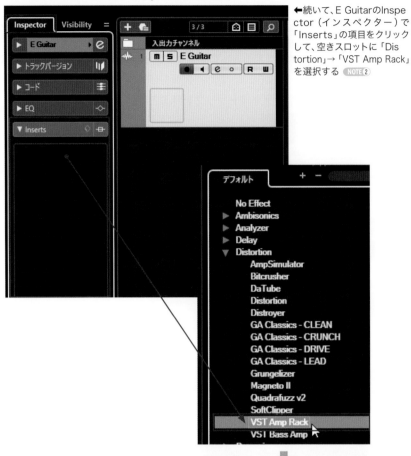

←続いて、E GuitarのInspector（インスペクター）で「Inserts」の項目をクリックして、空きスロットに「Distortion」→「VST Amp Rack」を選択する NOTE ②

NOTE ③

プロジェクト上に表示されたプラグインエフェクトの画面を「X（閉じる）」などで閉じた場合、「Inserts」のエフェクト名にある「e」をクリックすると再度画面を表示することができる

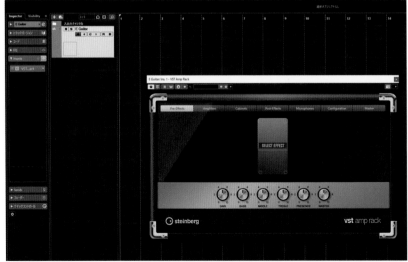

↑すると、プロジェクト上に「VST Amp Rack」が表示される NOTE ③

32

● モニタリングをオンにする

↑ オーディオトラックの「モニタリング」ボタンをオンにして、エレキギターを弾いてみよう。軽く歪んだギターアンプのサウンドが聴こえてくるはずだ

● アンプ＆キャビネットの選択

↑ アンプのタイプは「Amplifiers」に表示されている8種類から選択できる。実際のアンプと同様、ツマミを操作して音作りをしていこう。また「Cabinets」には6種類のキャビネットが用意されており、右下の「Link Amplifier & Cabinet Choice」をクリックすれば、自動的にアンプと同種の最適なキャビネットを選択することができる。「No Cabinet」をクリックすれば、キャビネットなしの状態を選ぶことも可能だ

● マイキングの設定

← 上部メニューの「Microphones」をクリックすると、キャビネットの前に立てるマイクの位置もシミュレーションできる。マイクを立てたい位置をクリックすることで、センターかエッジのいずれかを4段階（エッジは3段階）で設定可能。また、マイクはコンデンサーとダイナミックの2種類が用意されており、MIXツマミをどちらか一方に回しきれば単独に、中間に設定すればマイクをミックスさせることもできる

● ストンプエフェクター

↑「VST Amp Rack」では、アンプを通過する前と後に「Pre-Effect」と「Post-Effect」も利用できる。ストンプエフェクターにはWah WahやCompressor、Chorus、Tremolo、Delay、Fuzzなど18種類が用意されている

Wah Wah
Volume
Limiter
Maximizer
Chorus
Phaser
Flanger
Tremolo
Octaver
Delay
Tape Ducking Delay
Overdrive
Fuzz
Gate
Equalizer
Reverb

●「録音」ボタンを押してエレキギターのレコーディングを開始

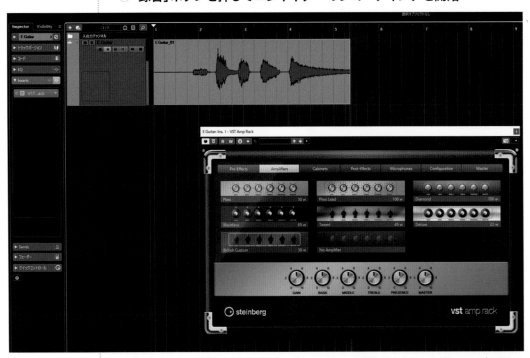

↑ギターのサウンドが決まったら「録音」ボタンを押して録音してみよう。この時、アンプを通したギターの音が遅れて聴こえる場合は、右ページで紹介しているオーディオインターフェースの「Buffer Size（バッファーサイズ）」を調整するといい

POINT　レイテンシー（発音の遅れ）を感じたら「Buffer Size」を確認しよう

　レコーディング時に発音の遅れを感じたら、プロジェクト上部の「スタジオ」メニューから「スタジオ設定...」を開き、オーディオインターフェースのドライバーをクリックすると表示される「コントロールパネル」で「Buffer Size」の値を調整してやろう。「Buffer Size」では、値を小さくするほど発音の遅れを短くす

ることができる。（※Buffer Sizeの値を小さくするとCPU負荷が高くなり、録音時のノイズ発生の原因にもなります。ノイズが発生しない程度に設定してやりましょう。なお、多くのプラグインエフェクトを使ったCPU負荷の高いミックス作業を行なう際は、反対にBuffer Sizeの値を大きくしてやるのがオススメです）

←「スタジオ設定」画面が表示されたら、「VSTオーディオシステム」の中から自分の使用しているオーディオインターフェースのドライバーを選択し、「コントロールパネル」ボタンをクリックする（※ここでは、UR28Mを利用しているので「Yamaha Steinberg USB ASIO」を選択している）

➡すると、オーディオドライバーのコントロールパネルが表示される。「Buffer Size」の欄を見ると、「512 Samples」となっており、「Input Latency」と「Output Latency」には、15ms〜18ms（0.015秒〜0.018秒）程度のレイテンシーが生じていることがわかる

↓「Buffer Size」のメニューをクリックして、現在の設定よりも小さな「128 Samples」を選んでみる

↑「128 Samples」では、6〜7ms（0.006秒〜0.007秒）程度までレイテンシーが減少していることがわかる。設定が完了したらOKボタンをクリックして、「コントロールパネル」と「スタジオ設定」の画面を閉じれば完了だ

Chapter 2

レコーディングテク
「パンチイン/パンチアウト」で録り直す

レコーディングを行なうと「失敗したフレーズを部分的に録り直したい」ということもあるだろう。そんな時に便利な機能が「パンチイン/パンチアウト」だ。ここでは、アコギのトラックを例に、フレーズの一部を後から差し替える方法を紹介しよう。

●録り直したい箇所を指定する

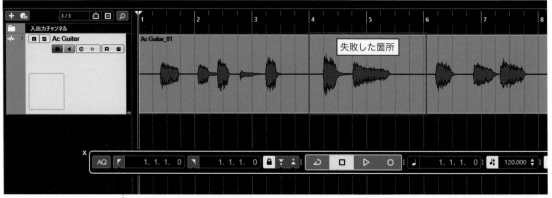

↑こちらはアコギを録音したオーディオトラック。ただし、4小節目から6小節目にかけてフレーズをミスしてしまっている状況だ

NOTE①

左右のロケーターの位置を決める際、プロジェクトの上段にある「スナップ」をオフにすると小節や拍の位置に吸着せずに、自由な位置にロケーターを設定することができる

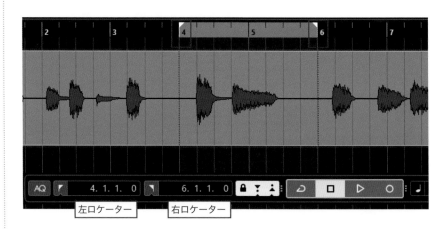

左ロケーター　右ロケーター

↑トランスポートにある「パンチイン」と「パンチアウト」のスイッチを有効にして、左ロケーターと右ロケーターに録り直したい範囲を設定しよう。パンチインの左にある鍵のマークが点灯している場合は、パンチインとパンチアウトが左ロケーターと右ロケーターにリンクする仕組みだ。左右のロケーターとは別にパンチインとアウトの場所を指定したい場合は鍵のマークをオフにすればいい（詳しくはP.38参照）**NOTE①**

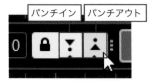

パンチイン　パンチアウト

●「再生」ボタンを押して、指定した箇所を録り直す

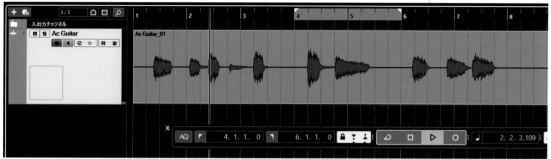

↑パンチインとパンチアウトの箇所が設定できたら「再生」ボタンを押す

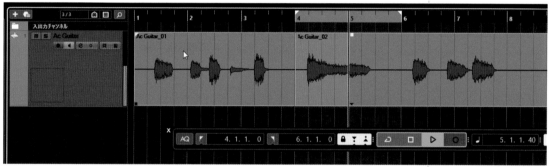

↑すると、パンチインの箇所で録音が開始されるのでフレーズを弾き直そう

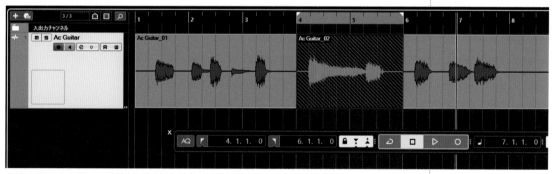

↑パンチアウトの箇所を過ぎると自動的に録音が終了する

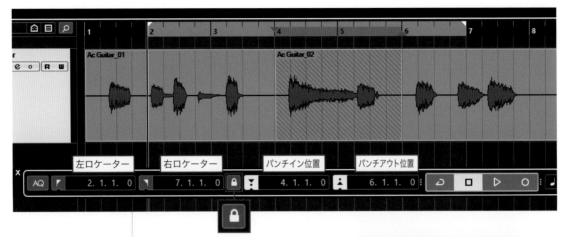

左ロケーター　　　右ロケーター　　　パンチイン位置　　パンチアウト位置

↑➡「パンチポイントをロケーターにロック（鍵
のマーク）」をオフにすると、左右ロケーターとは
別にパンチインとアウトの位置を設定すること
ができる。パンチインとアウトの位置は、「：」を
ドラッグしたりクリックすることで開閉可能だ

POINT **複数の箇所をパンチインとパンチアウトで録り直していく方法**

プロジェクトの左下にある「共通録音モードを設定」をクリックすると、レコーディング時の細かなモードが設定できる。ここで「パンチイン/アウト」にチェックを入れておくと、再生しながら録音ボタンを押すとパンチインがスタートされ、再度録音ボタンを押すとパンチアウトされるようになる。ミスした箇所が複数ある場合は、この機能を利用してパンチインとパンチアウトを繰り返していくのもいいだろう。

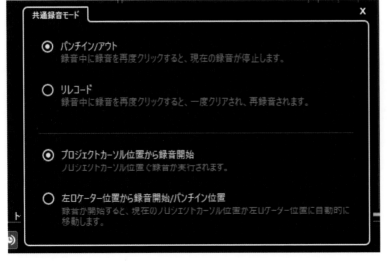

レコーディングテク

複数テイクからOKテイクを素早く作る

Cubase11では指定した範囲を繰り返し録音し、後からOKテイクを選んだり、複数テイクの中から気に入った箇所のみをピックアップしてつなぎ合わせることもできる。そんな複数テイクの中からOKテイクを探したり、構築していくテクニックを紹介しよう。

●「サイクル」を有効にして、テイクを複数回録音しておく

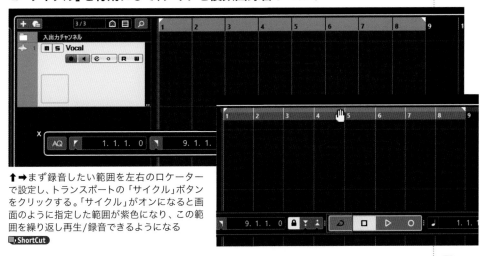

↑→まず録音したい範囲を左右のロケーターで設定し、トランスポートの「サイクル」ボタンをクリックする。「サイクル」がオンになると画面のように指定した範囲が紫色になり、この範囲を繰り返し再生/録音できるようになる
■ ShortCut

ShortCut

サイクルのオン/オフは、拡張キーボードのテンキー「 / 」または小節数が表示されている部分にカーソルを持っていき、手のひらのアイコンの状態でクリックしても切り替え可能だ

↑「録音」ボタンを押して、指定した範囲を繰り返し録音してみよう。ここでは、1小節〜9小節の範囲で歌を3回繰り返し録音してみた

● 録音したテイクの中からOKテイクを選ぶ

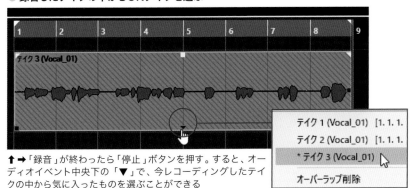

↑→「録音」が終わったら「停止」ボタンを押す。すると、オーディオイベント中央下の「▼」で、今レコーディングしたテイクの中から気に入ったものを選ぶことができる

展開された各レーンは「S」ボ
タンを押すと、ソロ状態でモ
ニターすることができる

●「レーンコンピング」で気に入った箇所をつなぎ合わせる

← 録音した各テイクは、「レー
ンを表示」ボタンを押すと内容
を確認することができる

NOTE ①

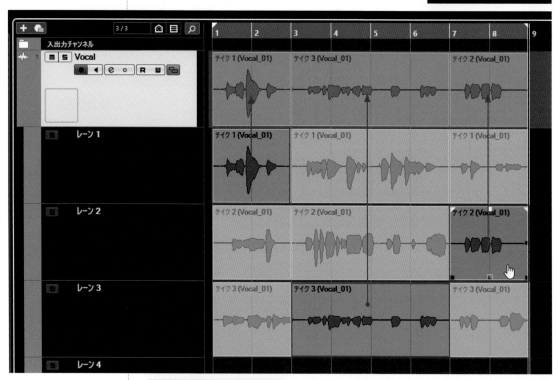

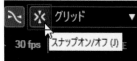

↑← 「レーン」に表示された各トラックのフレーズは、「コンプ」
ツールを使って任意の範囲をドラッグすると分割され（スナッ
プをオフにしておくと、自由な位置でフレーズを分割すること
ができる）、気に入った部分のみをチョイスしてOKテイクを構
築していくことができる

POINT 分割された波形を1つのオーディオイベントに統合する(まとめる)方法

テイクが完成したら「レーンを表示」を再度クリックしてレーンを閉じよう。ツールを「オブジェクトの選択」に切り替えて、トラック内のオーディオイベントを選択したら「Audio」メニューの「選択イベントから独立ファイルを作成」を実行する。すると、分割されたフレーズを1つのイベントに統合することができる。

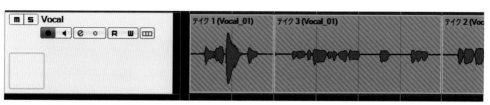

↑「レーンを表示」ボタンを再度クリックして、レーンを閉じた状態

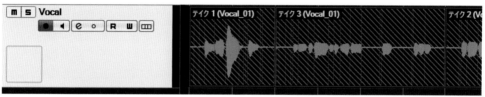

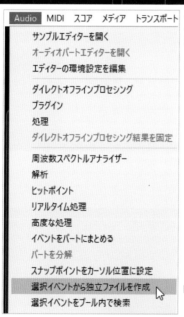

←↑「オブジェクトの選択」ツールで、分割されたオーディオイベントを選択し(マウスで全体をドラッグして選択するか、Shiftキーを押しながら各イベントをクリックして選択)、「Audio」メニューから「選択イベントから独立ファイルを作成」を実行する

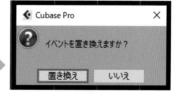

←「イベントを置き換えますか?」というダイアログが出てきた場合は、「置き換え」をクリックすればいい

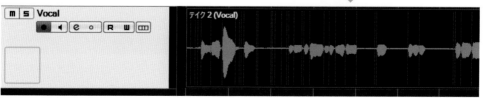

↑すると、分割されたオーディオイベントを1つのオーディオイベントに統合することができる

Chapter 2

レコーディングテク
テイクのバリエーション違いを試す

同じパートを何度もレコーディングしていると、異なるバリエーションの演奏も残しておきたくなることがあるだろう。そんな時に重宝するのが「トラックバージョン」だ。単純にいくつかのテイクを比較したり、録音したテイクを複製してエディットを加えることもできる。

NOTE❶

「トラックバージョン」ポップアップメニューには、「新規バージョン」の他に「バージョンを複製」、「バージョン名を変更」、「バージョンを削除」などが用意されている。同じテイクのバリエーション違いを作成したい時は「バージョンを複製」を選択しよう

NOTE❷

Inspector（インスペクター）からも「新規バージョン」や「バージョンを複製」、「バージョンを削除」を実行することができる

●トラックの新規バージョンを作って録音を行なう

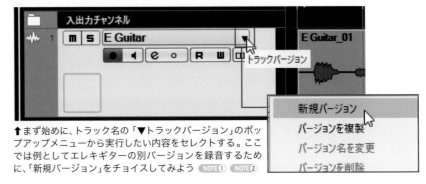

↑まず始めに、トラック名の「▼トラックバージョン」のポップアップメニューから実行したい内容をセレクトする。ここでは例としてエレキギターの別バージョンを録音するために、「新規バージョン」をチョイスしてみよう **NOTE❶** **NOTE❷**

↑トラックに新規バージョンが設定されると、トラック名に「v2（バージョン2）」が表示される

↑準備ができたら、バージョン2のトラックにエレキギターをレコーディングする

←レコーディングが完了したら、再度「トラックバージョン」ポップアップメニューをクリックしてみよう。すると、最初にレコーディングしたトラック「v1」と2回目にレコーディングした「v2」が選択できるようになる

↑「v1」や「v2」といったトラックのバリエーションは、Inspectorの「トラックバージョン」からも選択できる。バージョン名（v1やv2）を選択すると、プロジェクト上のトラックも瞬時に切り替わる仕組みだ

↑「トラックバージョン」はオーディオトラック以外にも、インストゥルメントトラックやコードトラック、テンポトラックなどでも利用できる。今回はトラックバージョンに別テイクを録音してみたが、異なるトラックの一部をトラックバージョンにコピー＆ペーストすることも可能だ

POINT **「トラックプリセット」をレコーディングに活用する**

Cubase 11には、プロのエンジニアが手掛けた「トラックプリセット」というエフェクトのプリセット集が用意されている。「トラックプリセット」は、「Inserts（インサート）」の「プリセットの管理」から簡単に呼び出すことができ、入門者では設定の難しいパラメーターもあらかじめセットアップされているのが特徴だ。

↑「トラックプリセット」は、Inspector（インスペクター）にある「Inserts」のプルダウンメニューで呼び出すことができる

➡「トラックプリセットから...」をクリックすると、「プリセットブラウザ」が表示される。上段にある「検索」エリアなども利用して、希望のプリセットを選んでみよう。ここでは、女性ボーカル用のプリセット「AM Vocal 1 Femele Doubler Rock ST」をチョイスしてみた

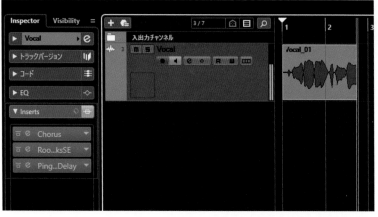

← 「Chorus」や「Room Works SE」（リバーブ）、「PingPong Delay」（ディレイ）といった、プロエンジニアの考える女性の歌声にマッチしたエフェクトが読み込まれ、レコーディングに利用することができる

Chapter **3**

オーディオの
波形編集＆ピッチ修正

不要なオーディオの分割と削除

Chapter 3

ボーカルやギターをマイクで録音すると、演奏していないところの「サー」というノイズが耳障りに聴こえることもあるだろう。ここでは、波形編集の基本テクニックとして録音後の不要なオーディオイベントを部分的に削除したり、無音化させる手順を解説していこう。

●不要な部分を「分割」ツールで切り分けてフェードを軽く掛ける

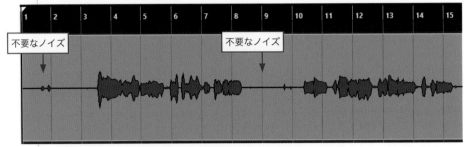

不要なノイズ　　　　　不要なノイズ

↑こちらはマイクを使ってレコーディングしたボーカルのオーディオイベントだ。画面のように2カ所に不要なノイズが入ってしまっている

分割 (3)

グリッド

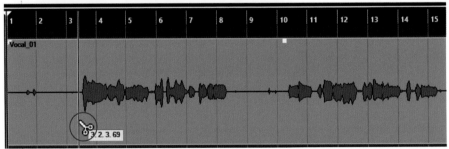

Vocal_01

↑不要なオーディオイベントを「分割」ツールで切り分けていく。この時、「グリッド」をオフにしておくと、自由な位置で波形を分割しやすい

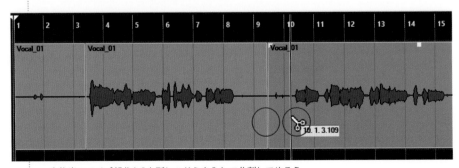

Vocal_01　　Vocal_01　　Vocal_01

↑後半のノイズ部分も2カ所にハサミを入れて分割してやろう

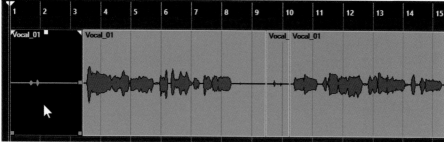

↑不要なオーディオイベントを「オブジェクトの選択」ツールで選択する

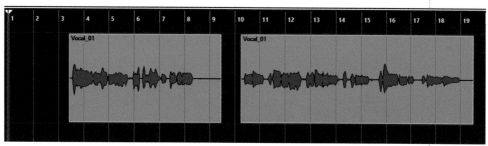

↑キーボードの「Delete」キーを押して、イベントを消去する。これでノイズ部分がなくなる

NOTE①

フェードインとは音量を徐々に上げること、フェードアウトは反対に音量を徐々に下げることを意味している

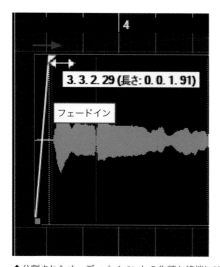

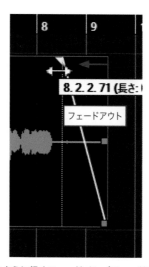

↑分割されたオーディオイベントの先頭と終端には、上画面のように軽くフェードイン／フェードアウトを掛けてやるのがポイントだ。こうすることで、無音部分との境目でもオーディオがスムーズに再生される。フェードインやフェードアウトはオーディオイベントの左右上部に表示される三角のボリュームツマミを「オブジェクトの選択」ツールでドラッグすると設定可能だ NOTE①

POINT 「無音化」を使って不要なオーディオ部分を消す手もあり！

Cubase11では、「Audio」メニューの「処理」から「処理」→「無音化」を実行することでも、不要なオーディオ（波形）を消すことができる。こちらを使ってノイズを消す手順も覚えておこう。

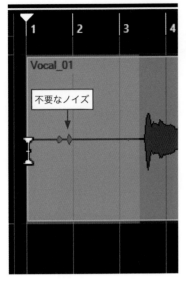

↑←「範囲選択」ツールを使ってオーディオイベントの不要な部分（範囲）をドラッグする。選択された範囲は画面のように水色で表示される

↑「Audio」メニューから「処理」→「無音化」を実行する

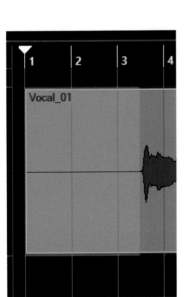

←すると、選択された範囲内の波形を無くすことができる（不要なノイズを無音化できる）

48

3

部分的に波形の音量を調整する

オーディオイベントは、波形の中央上部に表示される「■」を上下にドラッグすると自由に音量が調整できる仕組みになっている。この機能をうまく利用すれば、ミキサーのオートメーションなどを使わなくても、録音段階での音量のバラツキを素早く修正できる。

●「オブジェクトの選択」ツールで「■」を上下にドラッグする

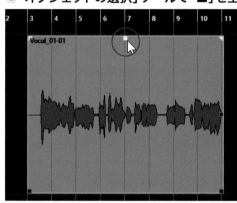

←「オブジェクトの選択」ツールを選んだ状態で、オーディオイベントの中央上部にカーソルを持ってくると、画面のように「■」のボリュームツマミが表示される

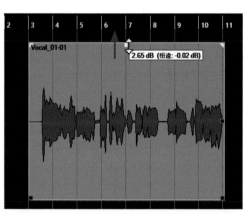

←「■」のボリュームツマミを上方向にドラッグするとオーディオイベントの音量を上げることができる

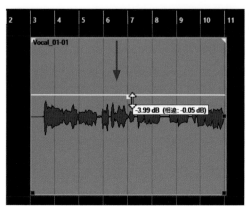

←下方向にドラッグするとオーディオイベントの音量を下げることができる

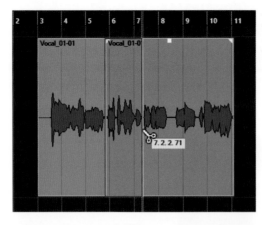

← オーディオイベントの中の一部の音量を変更させたい場合は、あらかじめ「分割」ツールで任意の箇所を切り分けておこう

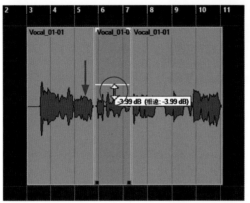

← すると、画面のように部分的に波形の音量を調整することができる

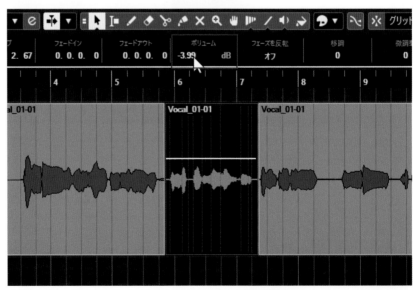

↑ 選択したオーディオイベントの音量は、プロジェクト上部にある情報表示エリアの「ボリューム」でも変更できる。「ボリューム」部分をダブルクリックすると、数値を直接入力することも可能だ

波形をリバース（逆回転）再生させる

楽曲を盛り上げるアイディアとして、波形をリバース再生させるテクニックはぜひとも知っておきたい手法の1つだ。ここでは、単純に波形をリバースさせる手順と、エフェクトを組み合わせてリバースさせる方法を解説していこう。

●波形をシンプルにリバースさせるには？

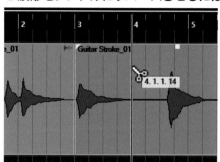

←まず始めにリバースさせたい箇所を「分割」ツールで切り分けておく

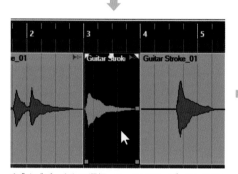

↑「オブジェクトの選択」ツールでオーディオイベントを選択する

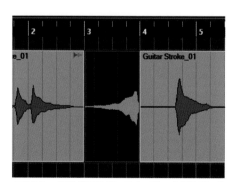

↑すると、波形が反転されてオーディオがリバース（逆回転）状態となる

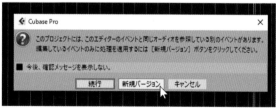

↑準備ができたら「Audio」メニューから「処理」→「リバース」を実行しよう。なお、処理を実行する際に上画面のようなダイアログが表示された場合は「新規バージョン」をクリックすればいい

●様々なエフェクト効果と組み合わせて波形をリバースさせる

↑オーディオイベントを選択した状態で「Audio」メニューから「ダイレクトオフラインプロセシング」を選択する

↑「ダイレクトオフラインプロセシング」が表示されたら「プラグイン」をクリックして、使用したいエフェクトを選択しよう。ここではディレイの中から「MonoDelay」をチョイスしてみた

ダイレクトオフラインプロセシング: Guitar Stroke_01-02 (

+ プラグイン ◇ + 処理 ☑

↑続いて、「処理」をクリックしてプルダウンメニューから「リバース」を選択しよう

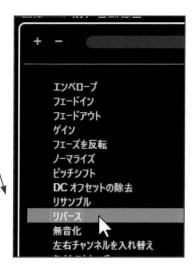

+ −

エンベロープ
フェードイン
フェードアウト
ゲイン
フェーズを反転
ノーマライズ
ピッチシフト
DC オフセットの除去
リサンプル
リバース
無音化
左右チャンネルを入れ替え

NOTE①

「プラグイン」や「処理」で呼び出した内容は、リストをドラッグすることで順番を入れ替えられる。また、「プラグイン」や「処理」の内容は、リスト左下に登録して後から再度呼び出すことも可能だ

Chapter 3

↑「試聴」ボタンを押すと、「MonoDelay」とリバースの掛かった音を確認することができる。なお、この時「自動適用」にチェックが入っていると、エフェクトのパラメーターなどを変更する度に自動的に波形が書き替えられ、視覚的にもサウンドの内容を判断しやすくなる **NOTE①**

Chapter 3 「AudioWarp」で発音タイミングを直す

録音したギターやボーカルなどを再生した時に、部分的にフレーズが突っ込んだりモタって聴こえる場合は「サンプルエディター」の「AudioWarp」を活用しよう。「AudioWarp」を使うことで、後からでも発音タイミングを自由に変更することができる。

● 「フリーワープ」を有効にして、ワープタブで発音タイミングを調整する

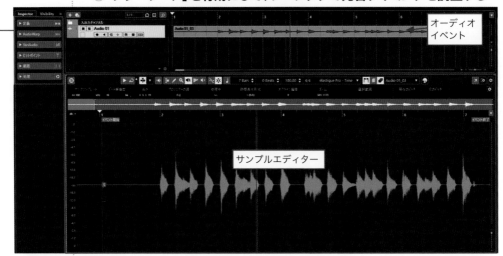

↑まず始めに、修正したいオーディオイベントをダブルクリックしてサンプルエディターを開く

↑続いて、Inspector（インスペクター）から「AudioWarp」のタブを開き、「フリーワープ」の右にある「ワープ編集をオン」ボタンをクリックする

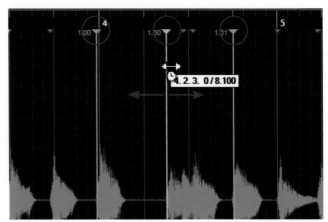

↑準備ができたら、波形の前後と変更ポイントの計3ヶ所をマウスでクリックする。すると、上画面のようにオレンジ色のワープタブ（ガイドライン）が挿入されるので、3本の中から真ん中のワープタグを左右にドラッグしよう。すると、波形の発音タイミングを編集することができる

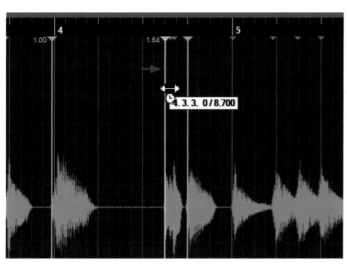

←「AudioWarp」は、波形を伸縮可能な「タイムストレッチ」機能を応用したものなので、発音タイミングを調整すると自動的に音の長さも変更されるのが特徴だ。このタイムストレッチを考慮しながら、波形をエディットしていこう **NOTE①**

NOTE①

位置を変更したワープタブ（ガイドライン）は、フリーワープの下にある「リセット」ボタンを押すと、元の位置にリセットすることができる

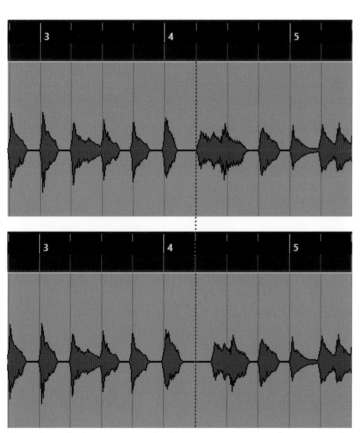

↑サンプルエディターを閉じると、プロジェクトウィンドウのオーディオトラック（オーディオイベント）の波形でも発音タイミングや長さが変化したことが確認できる

Chapter 3

「VariAudio」で音程(ピッチ)を直す

録音したボーカルなどのピッチを修正したい時に便利なのが「サンプルエディター」に用意されている「VariAudio」だ。単純にズレたピッチを直したい場合はもちろん、部分的に音程を持ち上げたり、フォルマントの調整、音量調整などにも活用できる。

◉「VariAudioを編集」を有効にして、セグメントを上下にドラッグする

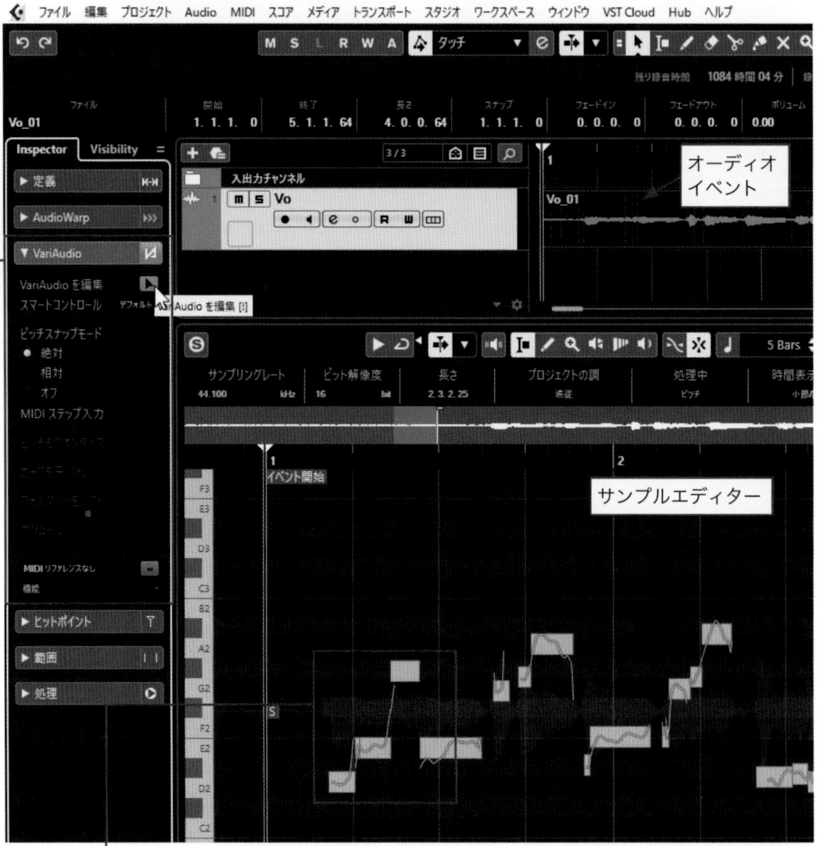

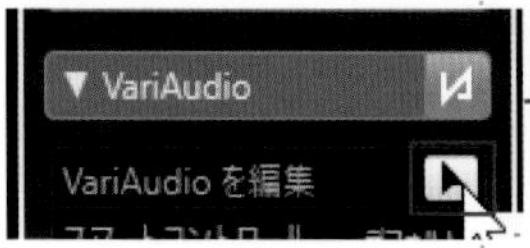

⬆修正したいオーディオイベントをダブルクリックしてサンプルエディターを開き、Inspector(インスペクター)の「VariAudio」の中にある「VariAudioを編集」をオンにする。すると、オーディオイベントのピッチが解析され、サンプルエディター上に「セグメント」と呼ばれるピッチ単位のバーが表示される

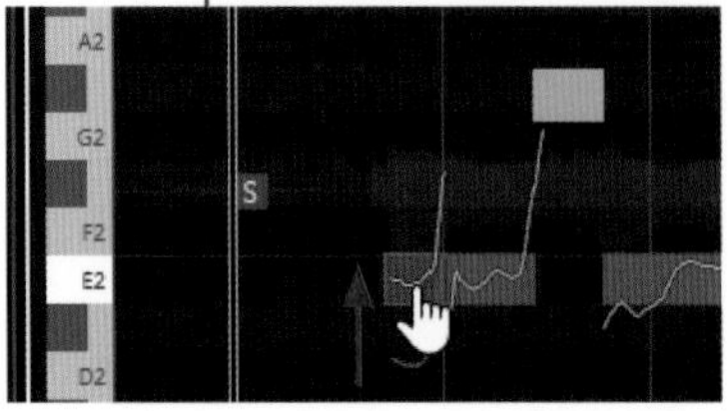

⬆「セグメント」をマウスで上下にドラッグするとピッチを修正することができる NOTE① NOTE②

NOTE①

サンプルエディターの上段右にある「VariAudioセグメントカラー」のプルダウンメニューを活用すると、解析されたデータを内容に応じて色分けすることができる。ここでは「ピッチ」を選択して、音程ごとに異なるカラーになるように設定してみた

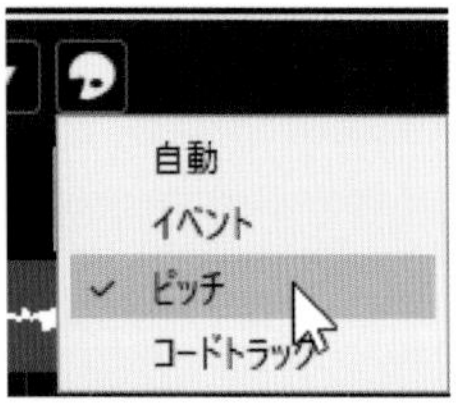

NOTE②

ボーカルのピッチは、サンプルエディターの左にある鍵盤で「B1」や「F1」、「G2」といった具合に音程が判断できるようになっている

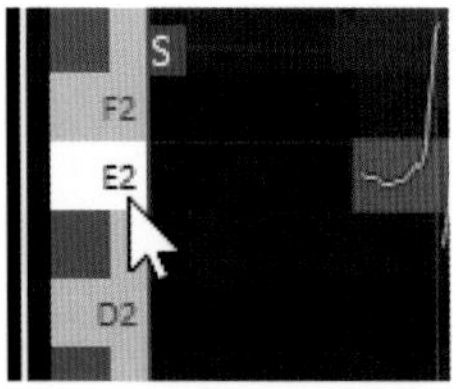

→ピッチを修正する際には、ピッチスナップモードを確認しておこう。「VariAudio」では「絶対」「相対」「オフ」の3種類が用意されている。ここでは、右のE2の音をD#2へ移動する例で解説してみたいと思う **NOTE③**

NOTE③
サンプルエディターの右下にあるズームスライダーを利用すると、セグメントや音程の表示を拡大／縮小させることができる

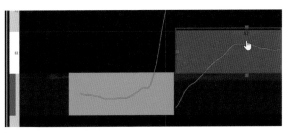

●ピッチスナップモード（絶対）

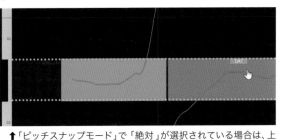

↑「ピッチスナップモード」で「絶対」が選択されている場合は、上画面のように完全にD#2へとピッチが移動される

●ピッチスナップモード（相対）

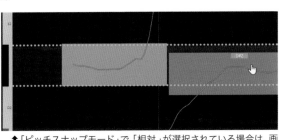

↑「ピッチスナップモード」で「相対」が選択されている場合は、画面のように元のセグメントの位置を保持した状態でD#2へとピッチが移動される **NOTE④**

NOTE④
Wndows/Mac共に「shift」を押しながら上下させた場合、「オフ」のモード同様に「絶対」や「相対」に縛られない自由な位置にセグメントを移動することができる

●ピッチスナップモード（オフ）

「ピッチスナップモード」で「オフ」が選択されている場合は、元のセグメントの位置にしばられることなく、ピッチが移動できる

●スマートコントロールで「ピッチをクオンタイズ」する

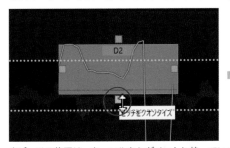
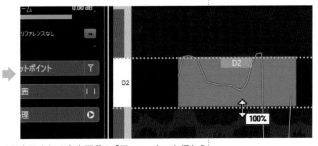

↑ピッチの修正は、カーソルをセグメントに持っていくと表示される中央下段の「■」マークでも行なえる。「■」マークを上方向にドラッグするとクオンタイズが掛かり、微妙にズレたピッチを正確な音程へと修正可能だ

NOTE⑤

ボーカルを一気にロボットボイスにしたい場合は、セグメントをWndowsでは「Ctrl」＋「A」、Macでは「command」＋「A」で全選択した状態でInspector内の「カーブを平坦化」のスライダーを100％にする手もありだ

NOTE⑥

「傾ける」を表示／機能させるには、Inspector内のスマートコントルールのプルダウンメニューで「すべてのスマートコントルールを表示」を選択する必要がある

●スマートコントロールで「ピッチカーブを平坦化」する

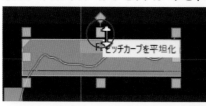

←上段中央の「■」マークでは、ピッチのカーブを調整することができる。このピッチのカーブを「100％」にすると、いわゆるロボット的な声質となり、完全に抑揚のない平坦な音程となる NOTE⑤

●スマートコントロールでピッチを「傾ける」 NOTE⑥

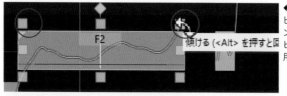

←上段左右の「■」マークでは、ピッチの傾きが調整できる。ロングトーンの部分などで、後半ピッチが下がった際などに利用するといい

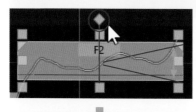

←ピッチの傾きは、セグメントの上段にある「◆」を境に上下される仕組みだ。「◆」は左右にドラッグすれば、自由に位置を変えることができる

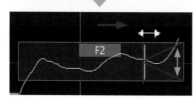

←「◆」を右側に移動してみた状態。この位置を境にピッチの傾きが変更されるようになる

●スマートコントロールで「フォルマントをシフト」する

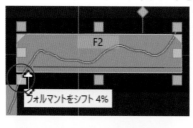

←下段左の「■」マークでは、フォルマントが調整できる。曲の中で、声の抜けが悪いと感じた時に調整してみよう

●スマートコントロールで「ボリューム」を調整する

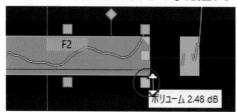

←下段右の「■」マークでは、ボリュームの調整が行なえる。聴き取りづらい歌詞なども各セグメント単位で音量変更可能だ

●セグメントを分割したり、結合するには!?

←セグメント上でカーソルを下段
の中央付近に持っていくと、画面
のようにアイコンが自動的にハサ
ミの形となり、クリックすると任意
の位置でセグメントが分割できる

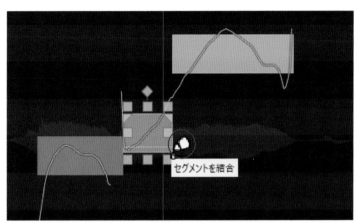

↑隣接するセグメントがある場合、カーソルを下段の両端に持っていくと画面のよう
にアイコンがノリの形となる。この状態でクリックすると隣接するセグメントが結合
される **NOTE⑦**

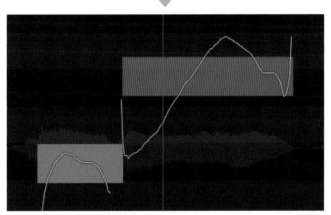

↑セグメントが結合された状態

NOTE⑦

Wndows/Mac共に「shift」
を押しながら編集操作を行な
った場合、カーソルがハサミ
の形になることはない。ピッ
チの結合に集中したい時は、
「shift」を押しながら操作す
るといいだろう

● セグメントで発音タイミングを変える

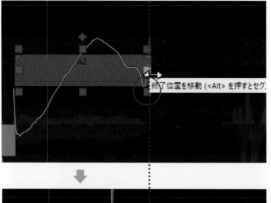

← 中段左右にある「■」マークを
ドラッグすると、セグメントの開
始位置や終了位置を変更すること
ができる

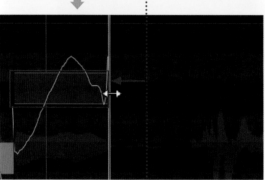

← こちらはセグメントの右側に
ある「■」マークを左側へとドラ
ッグして、セグメントの終了位置
を変更してみた状態

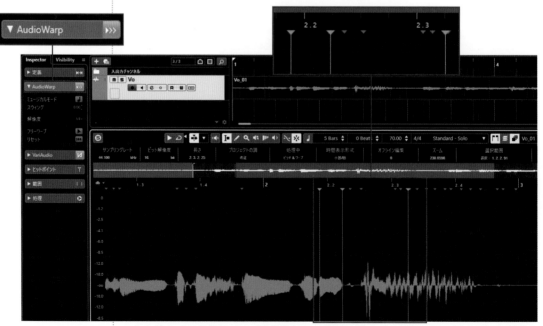

↑ セグメントの発音タイミングを移動すると、画面のように「AudioWarp」のワープタブが自動的
に挿入される（セグメントの発音タイミングを変更すると、ワープタブの位置も更新される）。この
ようにサンプルエディターでのオーディオ編集はすべてが連動しているのが特徴だ

POINT **MIDIリファレンスを使って、ボーカルの音程のガイドを表示させる**

　「VariAudio」には、ピッチを修正する際にリファレンス（音程の基準）となるMIDIデータを表示させる機能が用意されている。この機能を利用すれば、ボーカ

ルのメロディーやその小節で使用されているコードを見ながら、視覚的にセグメントの位置を修正していくことができる。

← 画面は付属のソフト音源「HALion Sonic SE」で、楽曲のコード進行を打ち込んでみた状態だ（※コードトラックを利用したコードの打ち込み方法はP.149を参照）

←↓「VariAudio」の「MIDIリファレンストラックを表示」をクリックして、任意のインストゥルメントトラック（MIDIトラック）を指定する。ここでは、先ほど用意した「HALion Soinc SE」をチョイスしてみよう

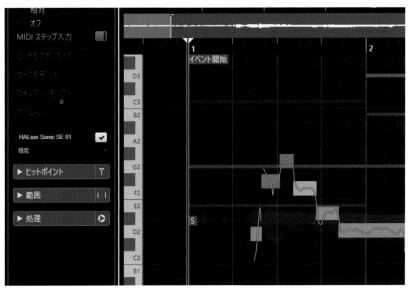

← すると、「HALion Soinc SE」で打ち込んだコード進行がサンプルエディター上に表示される。このMIDIデータ（音程）を参考にしながら、オーディオのピッチ修正が行なえるのだ

Chapter 3 「オーディオアライメント」で複数トラックのタイミングを素早く揃える

ボーカルの存在感を高めるために、同じフレーズを重ねる「ダブリング」や「スタッキング（積み重ねること）」は、プロの間では定番のテクニックだ。Cubase11には、この複数トラックの発音タイミングを素早く調整できる「オーディオアライメント」機能が搭載されている。

◉「参照先」と「ターゲット」にオーディオイベントを登録して「オーディオアライメント」を実行する

リードボーカル

ダブリング

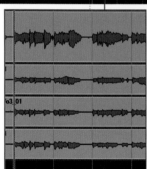

↑← こちらはリードボーカルに対して、17小節目から25小節目にかけてダブリング（同じフレーズを録音して重ねる）した状態だ。波形を拡大表示してみると、それぞれの波形が微妙にズレていることがわかる

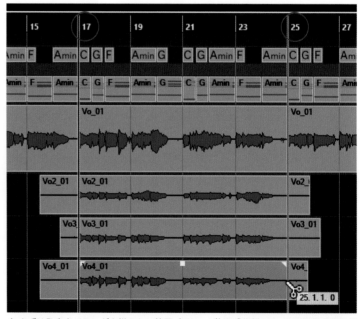

↑ まずは発音タイミングを揃えたい範囲（フレーズ）を「分割」ツールで切り分けておく（リードボーカルとダブリングした3つのオーディオイベントをそれぞれ17小節〜25小節の範囲で分割する）

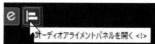

←↓ 続いて、「Audio」メニューまたはプロジェクトの上段右にある「オーディオアライメントパネルを開く」をクリックして、「オーディオアライメントパネル」を表示させる

↑ 続いて、元となるオーディオイベント（ここではリードボーカル）を選択して、参照先の「+」ボタンを押す。参照先が登録されると、上画面のように参照先に波形が表示される

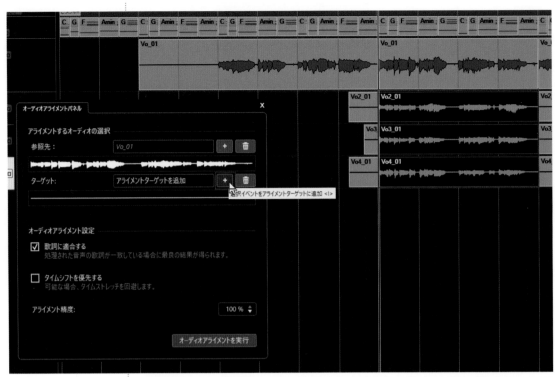

↑ 今度はタイミングを揃えたいオーディオイベント（ダブリングした3つのオーディオイベント）を選択して、ターゲットの「+」ボタンを押す。ちなみに、3つのオーディオイベントは「Shift」キーを押しながらクリックすると同時に選択可能だ

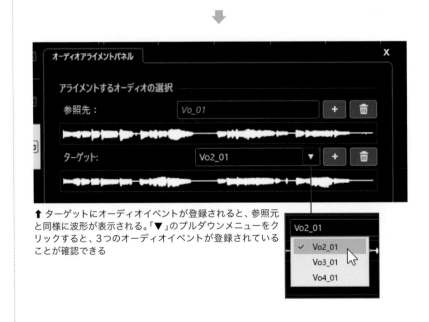

↑ ターゲットにオーディオイベントが登録されると、参照元と同様に波形が表示される。「▼」のプルダウンメニューをクリックすると、3つのオーディオイベントが登録されていることが確認できる

↑ 準備ができたら「オーディオアライメントを実行」をクリックしよう

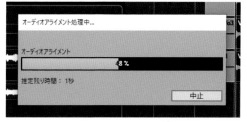

↑ オーディオアライメントの処理が実行される

➡ 処理に関するダイアログが表示されるので「新規バージョン」をクリックする

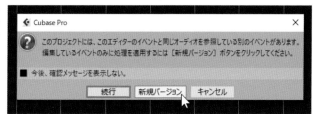

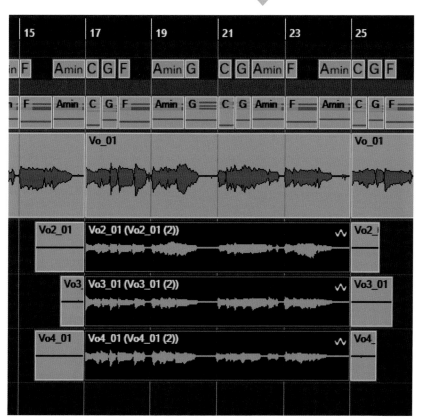

↑ 処理が完了すると、リードボーカルに対してダブリングしたトラックのタイミングが揃う NOTE①

NOTE①

「オーディオアライメント」のセッティングには「歌詞に適合する」と「タイムシフトを優先する」の2つが用意されている。同じ歌詞の場合は「歌詞に適合する」、マルチマイクで録音した素材など、タイムストレッチを避けて、位置情報のみで対応したい時は「タイムシフトを優先する」にチェックを入れるといい

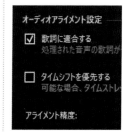

　Cubaseではオーディオイベントに含まれる波形の発音タイミングを、「AudioWarpクオンタイズ」で一気に修正することもできる。ボーカルやギターのカッティングなど、1音1音タイミングを修正するのが面倒な時は「AudioWarpクオンタイズ」を活用しよう。

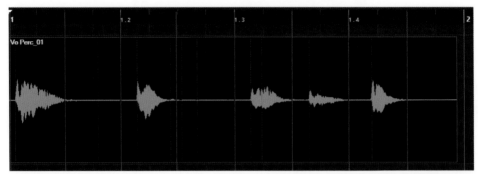

↑こちらは8ビートに合わせて録音したボイスパーカッションのフレーズだ。再生してみると、部分的に発音タイミングのおかしなところがある

↑オーディオイベントを選択した状態で、プロジェクト上段右にある「クオンタイズパネルを開く」のアイコンをクリックする

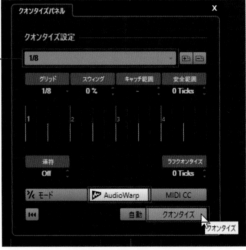

➡「クオンタイズパネル」が表示されたら「AudioWarp」をオンにして、「グリッド」のプルダウンメニューから希望の修正タイミングを選択しよう。準備ができたら「クオンタイズ」を実行する

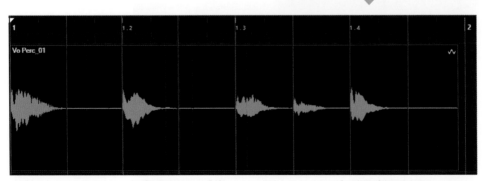

↑「AudioWarpクオンタイズ」が実行されると、「グリッド」で指定したタイミングで波形が修正される

バックトラックの作り方

Chapter **4**

ドラム編 その❶
Groove Agent SEのプリセットを利用する

Cubase 11には、ドラム専用のインストゥルメントとして「Groove Agent SE 5」が用意されている。まずはこの「Groove Agent SE」付属の「プリセット(ドラムキット/パターン)」を利用して、楽曲の土台となるリズム隊を作成する手順から解説していこう。

NOTE❶

バックトラックに使用するインストゥルメントは、右ゾーンの「メディア」→「VSTインストゥルメント」からドラッグ&ドロップ操作でプロジェクトに呼び出すこともできる

← 「プロジェクト」メニュー→「トラックを追加」、または「+(トラックを追加...)」ボタンを押して、「Groove Agent SE」のインストゥルメントトラックを作成する **NOTE❶**

NOTE❷

「Kit 1」を押すと表示されるスロット選択画面の上部にある「All Instruments Sets」をクリックすると、使用可能なドラムキットをすべて表示することができる

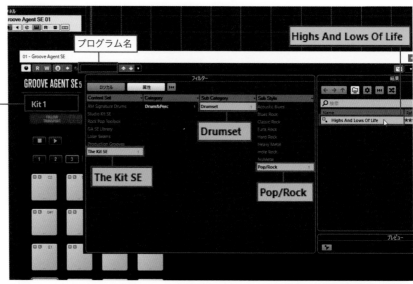

↑「Groove Agent SE」が起動したら上部の「プログラム名」または「Kit 1 (Load Kit)」の部分をクリックして、ドラムキットを読み込もう。ここでは前バージョンから搭載された「The Kit SE」に含まれている「Highs And Lows Of Life」というドラムキットを選択してみた **NOTE❷**

◉「INSTRUMENT」モードでドラムキットの音を打ち込む

↑画面左上の「INSTRUMENT」をクリックすると、ドラムキットを構成するキック、スネア、ハイハット、タム、シンバルといったパーツ名が表示され、パッドを叩くことで音が確認できる。なお、パッドに表示されているC1やD1といった情報は、MIDIキーボードで演奏する際の鍵盤の位置を表している

↑続いてドラムパターンを作成したい箇所（範囲）を「鉛筆」ツールでドラッグして、空のMIDIイベントを作成する

← 次に作成したMIDIイベントを選択して「MIDI」メニューから「ドラムエディターを開く」をクリックする

↑すると「ドラムエディター」が表示されるので、「オブジェクトの選択」ツールか、その隣りにある「ドラムスティック」ツールを利用して、ドラムのパターン（ノート）を入力していこう **NOTE②**

↑こちらは「Bass Drum（キック）」、「Acoustic Snare（スネア）」、「Closed Hi-Hat（ハイハット）」のパターンを入力してみた状態。打ち込みの際のガイドとなるスナップ値は、デフォルトでは「1/16」となっているが、数値をクリックするとプルダウンメニューから設定を変更できる。例えば、8ビートを作成したい時は、スナップを「1/8」に変更してやるといいだろう

●ベロシティーを変更して、叩き方に強弱を付ける

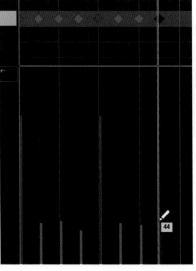

←「ドラムエディター」の下段には、打ち込んだドラムのベロシティー（打鍵の強さを表したもの）が表示されている。まず、ハイハットの強弱をしっかり付けるのが基本で、例えば、8分刻みならば表拍と裏拍で強弱を付けたり、16分刻みならば強弱中弱のような変化を付けてみよう。キックは1拍目や表拍に対して裏拍を弱くするか、強くするとメリハリが出ることが多く、スネアは一定の値でOKだが、装飾的に加える音やフィルインが同音連打にならないよう左右の手で交互に叩くイメージで強弱を付けるのがポイントだ。また調整は、パーツごとにベロシティー値の基準を決めておいて、それに対して強い時と弱い時の値を用意しておくとスムーズに進むはずだ。そして、さらにアクセントが欲しいところはもっと強く、逆に目立つところはもっと弱く、というように微調整を加えて仕上げていこう **NOTE③**

●「PATTERN」モードでパターンを並べて作る

↑続いて、「Groove Agent SE」のパターンを使ってドラムを作成する手順を見ていこう。パターンが搭載されているドラムキットでは、「PATTERN」をクリックすると「Intro（イントロ）」や「Main（メインパターン）」、「Ending（エンディング）」といったパターン名が表示され、パッドを叩くとフレーズが確認できる。C0やD0といった数値は、MIDIキーボードでパターンを演奏する際の位置を表しており、「INSTRUMENT」よりも低い鍵盤の位置にアサインされているのが特徴だ **NOTE④**

NOTE④

表示されたインストゥルメントは画面右上の「×」で閉じることができ、再度表示したい時は「インストゥルメントを編集」ボタンをクリックすればいい

●ドラム演奏の別バリエーションを呼び出す方法

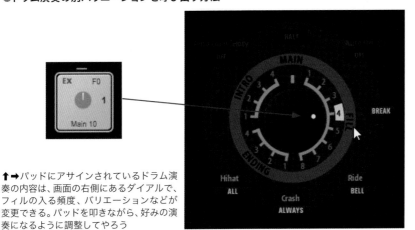

↑➡パッドにアサインされているドラム演奏の内容は、画面の右側にあるダイアルで、フィルの入る頻度、バリエーションなどが変更できる。パッドを叩きながら、好みの演奏になるように調整してやろう

↑パッドの演奏内容が確認できたら、そのままプロジェクトへドラッグしよう。こちらは「Intro」というパッドを曲頭にドラッグしてみた状態だ

↑同様の手順で、ドラムのバックトラックを作成していこう。上画面は「Intro」の後に「Main 10」というパッド（メインのドラムビート）をドラッグしたところ

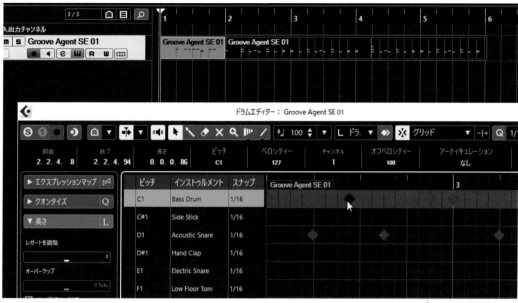

↑ドラッグして作成されたMIDIイベントは、「ドラムエディター」や「キーエディター」で開いて後から編集することもできる。Bメロで手数を増やしたり、大サビの前で長めのフィルに変更するなど、思い通りのドラムパターンになるようにエディットしていこう

POINT その他のドラムパターンについて

「Groove Agent SE」ではドラムキットに応じたプリセットパターン以外にも、「STYLE」または「MIDI」から任意のドラムパターンを呼び出すことができる。「STYLE」の場合は、下の画面のように「▼」から様々

な音楽ジャンルのドラムパターンを選ぶことができ、「MIDI」であれば、あらかじめ用意しておいたMIDIファイルを右ゾーンのメディアなどからドラッグして読み込んで使用することが可能だ。

↑→こちらは「Highs And Lows Of Life」の「▼」をクリックして、別のスタイル（ドラムパターン）をロードする画面を開いたところ。生ドラムのキットで、あえてエレクトロなフレーズを再生するなど、ちょっと変わったキットとパターンの組み合わせを試してみても面白い

Chapter 4

ドラム編 その❷
サンプル素材（ワンショット）を利用する

キック、スネア、ハイハットなど、様々なジャンルにマッチしたサンプル素材が数多く付属しているのもCubase 11の特徴だ。続いては、「メディア」からサンプル素材（ワンショット）を読み込んで、バックトラック作りに活用する方法を紹介しよう。

NOTE①

「メディア」の中の「ループ＆サンプル」をクリックすると、付属のサンプル素材に絞ってワンショットを検索することもできる

←まず最初にプロジェクトの右上にある「右ゾーンを表示」のボタンを押して、「メディア」のタブをクリックする **NOTE①**

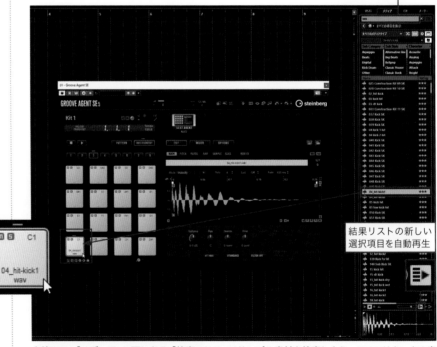

結果リストの新しい選択項目を自動再生

↑続いて、「メディア」の下にある「検索エリア」でサンプル素材を検索しよう。ここではキックの素材を探すために「kick」と入力してみた。検索結果に表示されたサウンドは「結果リストの新しい選択項目を自動再生」が有効になっていると、選択時にプレビューすることができる。気に入ったサウンドが見つかったら「Groove Agent SE」のパッドにドラッグして登録しよう

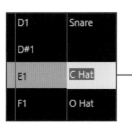

↑同様の手順で、「snare（スネア）」や「hat（ハイハット）」、「cymbal（シンバル）」などの素材を検索して、好みのサンプルを「Groove Agent SE」のパッドにドラッグしていく NOTE②

NOTE②

Cubase11では、「ビートをプロジェクトに合わせる」をオフにすると、ループ素材の一部を「Groove Agent SE 5」に取り込んで使用することもできる

➡準備ができたら、MIDIイベントを作成して「ドラムエディター」や「キーエディター」でドラムパターンを入力しよう。なお、ここでは「Groove Agent SE」を使ってドラムパターンを作成しているが、気に入ったサンプル素材はプロジェクトに直接ドラッグして貼り付けてもいい

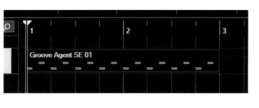

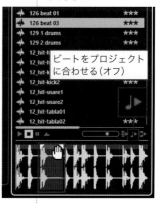

ビートをプロジェクトに合わせる（オフ）

➡画面のようにパッドに登録したサンプル素材に合わせて名称を変更しておくと、ドラムエディターでのドラムの入力が行ないやすい

POINT 市販／フリーのサンプル素材を「お気に入り」を使って管理する方法

Cubase 11では、標準付属のサンプル／ループ素材以外にも、市販やフリーの音ネタを「メディア」から呼び出して使うことができる。ここでは、「メディア」の「お気に入り」を活用して、手持ちの素材を登録・管理する手順を紹介していこう。

←まずは音ネタとして登録したいフォルダ（サンプル素材）を用意する。今回はデスクトップにある「Sample Sounds」というフォルダを例に解説していこう

← Cubase11を起動したら「右ゾーン」→「メディア」の中にある「お気に入り」ボタンを押す。そして、その後に出てくる「お気に入りを追加...」をクリックしよう

↑「お気に入りを追加」のダイアログが表示されるので、希望のフォルダを選択する（デスクトップにある「Sample Sounds」のフォルダを選択）

Chapter 4
バックトラックの作り方

← すると、お気に入りに「Sample Sounds」が登録される

↑「Sample Sounds」をクリックして、右上の「属性フィルターをリセット」をクリックすると、フォルダの中身を表示することができる

➡ こちらは「EDM_Snares_&_Claps_Vol1」というフォルダの中身を表示して、Clap（クラップ）の素材を選択してみたところ。このように「メディア」から市販やフリーの音素材を利用することができる

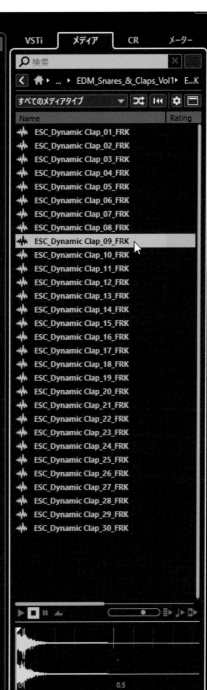

77

Chapter 4

ドラム編 その❸
ループ素材を利用する

「メディア」には、キックやスネアといったサンプル素材（ワンショット）以外にも、ロックやEDMなどのループ素材も用意されている。これらのループ素材は、楽曲のテンポを気にすることなく事前にプレビューしたり、実際に利用できるのが特徴だ。

NOTE①

Cubase11では、美しい声ネタを収録した「Bloom」、映像音楽にマッチしそうな「Noir」、ヒップホップに最適な「Hard Knocks」、レコードのクラックルノイズなどを収録した「LoFi Dreams」、テックハウスに特化した「Tech House」、80年代風のシンセループが満載の「Night Call」という6つのサウンド＆ループセットが新たに標準付属されている

NOTE②

フォルダを選択した後に、元の階層に戻りたい時は「メディア」の「戻る（＜）」をクリックすればいい

NOTE③

各ループ素材のBPMが異なっていても、「ビートをプロジェクトに合わせる」を有効にしておくと、楽曲のBPMに同期した状態でループ素材をプレビューしたり楽曲へ配置することができる

←まずは右ゾーンの「メディア」から「ループ＆サンプル」をクリックする

↑Cubase付属の素材集が出てくるので、好みのものをクリックしよう。ここではバージョン11から加わった「Hard Knocks」を選択してみた
NOTE① **NOTE②**

↑すると、「Hard Knocks」に収録されているループ素材が表示される。いくつか素材をクリックしてフレーズを聴いてみよう
NOTE③

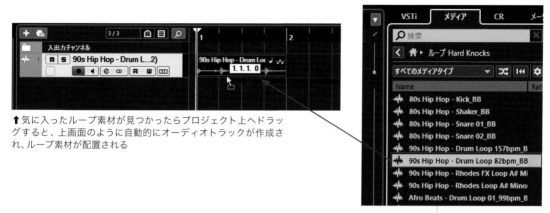

↑気に入ったループ素材が見つかったらプロジェクト上へドラッグすると、上画面のように自動的にオーディオトラックが作成され、ループ素材が配置される

●ループ素材を複製する

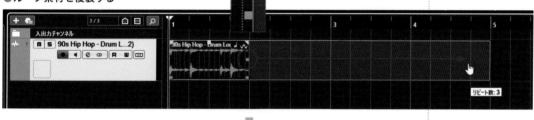

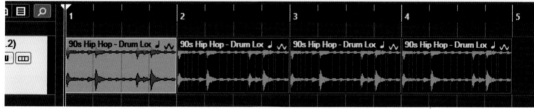

↑プロジェクトに配置したループ素材は、オーディオイベントの右端にある「■」を右側にドラッグすると簡単にリピート（繰り返し配置）させることができる。こちらはループ素材を3回複製してみた状態だ

POINT 「ミュージカルモード」が有効になっていると、楽曲のテンポにオーディオ素材を同期できる

「メディア」からドラッグしたループ素材が楽曲の「テンポ＝BPM（小節と拍）」に同期した状態で再生できるのは、「ミュージカルモード」が有効になっているからだ。「ミュージカルモード」が有効になっていれば、楽曲のテンポチェンジにもオーディオイベントを追従させることができる。

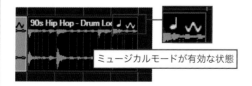

ミュージカルモードが有効な状態

↑「ミュージカルモード」のオン/オフは、サンプル素材をダブルクリックすると表示される「サンプルエディター」で設定（確認）できる

ベース編

Chapter 4

リズム隊に続いて、今度は同じく楽曲の土台を支えるベースについて解説していこう。ベースのフレーズは、ドラム同様マウスを使って1音ずつ入力することも可能だが、ここではMIDIキーボードを使ったフレーズの録音／打ち込み方法を紹介したいと思う。

←まず最初に「プロジェクト」メニュー→「トラックを追加」、または「＋（トラックを追加...）」ボタンを押して、「HALion Sonic SE」のインストゥルメントトラックを作成する

NOTE①

Inspectorの「インプットのルーティング」の項目に「All MIDI Inputs」が選択されている場合、接続されているすべてのMIDI機器の信号を受け付けることができる。この状態でMIDIキーボードを押して、プロジェクト右下の「MIDI入力」のメーターが振れていれば、MIDI信号を正しく受信できている証拠だ

NOTE②

MIDIの信号が受信されているにも関わらず、音が出ない場合はP.9で紹介した「スタジオ設定」を再度確認しよう

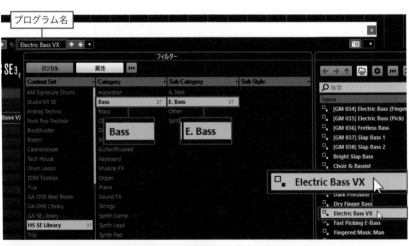

↑←「プログラム名」をクリックして、ベースの音色を読み込もう。ここでは、「Bass」のカテゴリーから「E.Bass」→「Electric Bass VX」というプリセットを選択してみた。そして、音色が読み込めたらMIDIキーボードを弾いてみよう。「HALion Sonic SE」のレベルメーターが振れてベースの音が聴こえてくるはずだ **NOTE①** **NOTE②**

●MIDIキーボードで「リアルタイム入力」する方法

↑準備ができたら希望の位置に「再生ポジション」を移動して、「録音」ボタンを押した後にベースのフレーズを弾いてみよう。上は、「再生ポジション」を3小節目に移動後、「録音」ボタンを押して演奏を記録している最中だ

MIDIイベント

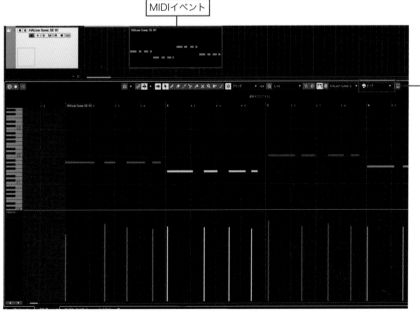

↑録音が完了したら「停止」ボタンを押そう。記録したMIDIデータは、MIDIイベントをダブルクリックすると下ゾーンに表示される「キーエディター」で確認／編集することができる **NOTE③**

NOTE③

「キーエディター」の「イベントカラー」をクリックすると、MIDIイベントを表示する際の色を変更することができる。画面は「ピッチ」を選択して、ノートごとに異なるカラーを表示させてみたところ

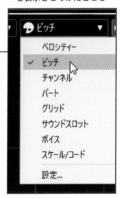

●クオンタイズで発音タイミングを修正する

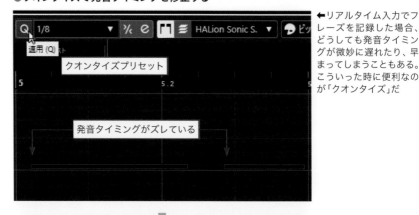

クオンタイズプリセット

発音タイミングがズレている

発音タイミングが修正される

←リアルタイム入力でフレーズを記録した場合、どうしても発音タイミングが微妙に遅れたり、早まってしまうこともある。こういった時に便利なのが「クオンタイズ」だ

←タイミングを揃えたいMIDIノートを選択後、キーエディターの「Q（適用）」を押すと、「クオンタイズプリセット」で指定した値で発音タイミングが修正される NOTE④

NOTE④

プロジェクトウィンドウの左下にある「AQ（オートクオンタイズ）」を有効にすると、録音時にあらかじめ「クオンタイズ」をかけた状態でMIDIの演奏を記録することも可能だ

オートクオンタイズ

●ノートの長さやベロシティーの修正

NOTE⑤

MIDIノートを選択後、コンピュータの上下の矢印キーで音程の移動が行なえ、またWindowsの場合はCtrl、Macの場合はcommandを押しながら左右の矢印キーを押すと、左右へのノートの移動が行なえる

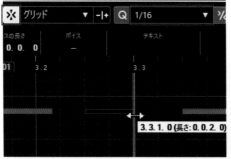

3.3.1. 0 (長さ: 0. 0. 2. 0)

↑「キーエディター」上のMIDIノートは、スナップをオンにした状態であれば、クオンタイズプリセットで指定した間隔で長さを変えることができる。また、コンピューターの上下左右の矢印キーで、ノートの音程や位置を移動することも可能だ NOTE⑤

➡「キーエディター」では、各ノートのベロシティーを調整する際に「鉛筆」ツールに持ち替える必要がないのも特徴だ。「オブジェクトの選択」ツールのままで、ベロシティーの値が変更できる

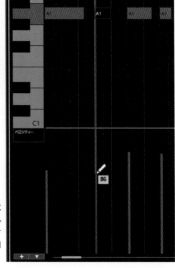

●MIDIキーボードで「ステップ入力」する方法

↑➡「キーエディター」で「ステップ入力」を行なうには、まず「キーエディター」右上にある「ツールバーを設定」をクリックして、表示されるプルダウンメニューから「MIDIステップ入力」を選択しよう

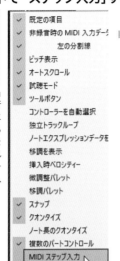

↑すると、「キーエディター」に「ステップ入力」のボタンが表示される

「ステップ入力」ボタン

↑「ステップ入力」のボタンをオンにした状態で、入力したいフレーズの長さを「クオンタイズプリセット」で設定する。ここでは「1/8」を選択してみた NOTE⑥

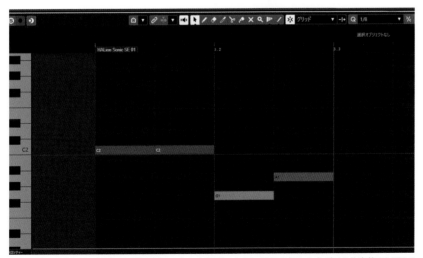

↑ MIDIキーボードで任意の鍵盤を押えると、上画面のように鍵盤を押した分だけ8分音符のMIDIノートが挿入される。なお、ステップ入力の際の青いガイドライン（MIDIノートの挿入位置）は、コンピュータの左右の矢印キーで移動可能だ。この青いガイドラインをうまく移動させながらフレーズを打ち込んでいこう NOTE⑦

NOTE⑥

ある程度のMIDIキーボードの演奏スキルが要求される「リアルタイム入力」に比べ、「ステップ入力」の利点はMIDIキーボードで押えたノートを確実に入力できることだ

NOTE⑦

「ステップ入力」ボタンの右にある「MIDIステップ入力」は、一度入力したノートを修正したい時に便利な機能だ。ノートを選択した状態で任意の鍵盤を押えると、そのノートを別の音程に差し替えることができる

POINT **ベースのフレーズを打ち込み際のポイント**

　何となくドラムは作れても、ベースの打ち込みに頭を抱えている人は意外と多いのではないだろうか。ここでは、バンドの経験がない人でも簡単に覚えられるベースフレーズ作成の基本ノウハウを紹介していこう。

● 基本のパターン（8分音符でルートをベタ打ち）

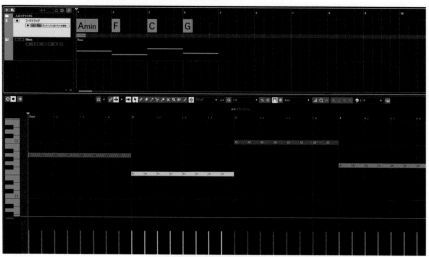

←例えば、8ビートの曲でコード進行が「Am」→「F」→「C」→「G」という場合、ベースはコードのルート音である「ラ」→「ファ」→「ド」→「ソ」を8分音符で連打する（ベタ打ち）のが基本だ

アイディア①
ベロシティーで裏拍を強調する

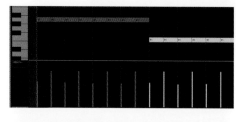

←ベースのノリが単調に聴こえる時は、表拍と裏拍のベロシティーに差を付けて、グルーブ感を出してやろう

アイディア②
長さを変えてメリハリを付ける

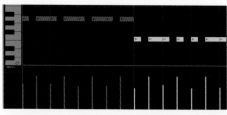

←フレーズにメリハリを出したい場合は、8分音符の連打ではなく、16分音符や32分音符を混ぜる手もありだ

アイディア③
経過音でつなぐ

経過音を加える

→ コードの「Am」から「F」に移行する際、その間にある「G（ソ）」を入れたり、コードの「F」から「C」に移行する際は「ラ」や「シ」を入れるなど、音程の経過音を加えるとフレーズの単調さが解消される

84

アイディア④ オクターブでアクセントを付ける

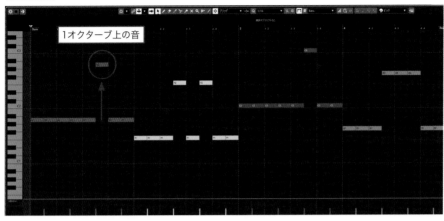
1オクターブ上の音

←ルート音の1オクターブ上の音を入れて、アクセントを付ける方法もオススメだ。オクターブ上の音のベロシティーは、少し強めにしてやるとアクセント感がより一層増してくる

アイディア⑤ 5度を加えて軽い動きを付ける

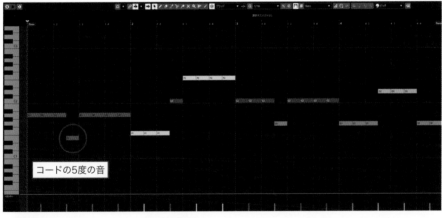
コードの5度の音

←例えば、「Am」であれば「ラ、ド、ミ」の「ミ」、「F」であれば「ファ、ラ、ド」の「ド」、「C」であれば「ド、ミ、ソ」の「ソ」といったように、コード内の5度の音を加えると、ベースに動きを付けることができる

アイディア⑥ 4度と5度を入れて動きを強調

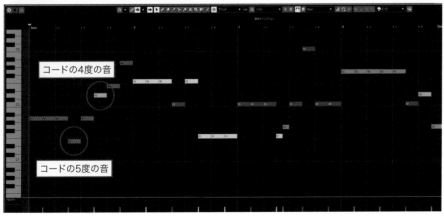
コードの4度の音

コードの5度の音

←コードの5度の音に、4度の音も加えていくと、さらにフレーズに動きを出すことができる（左のAmの箇所で言えば、ラに対してミの音が5度、レの音が4度となる）

Chapter 4

シンセ/キーボード編

曲中でのシンセ/キーボードパートと言えば、コード（和音）を押えているシーンが圧倒的に多いだろう。ここでは「コードエディット」を利用したコードの入力方法と、ソフトシンセ音源などのツマミの動きを記録する手順を解説していこう。

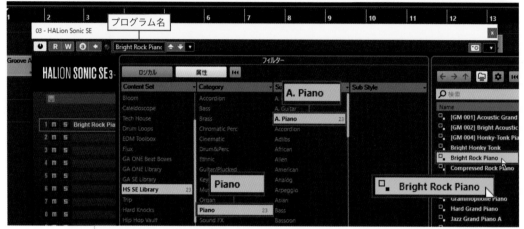

↑「プロジェクト」メニュー→「トラックを追加」、または「＋（トラックを追加...）」ボタンを押して「HALion Sonic SE」を起動し、プログラム名をクリックして音色を読み込もう。ここでは、「Paino」のカテゴリーから「A.Piano」→「Bright Rock Piano」を選択してみた

↑続いて、演奏を入力したい範囲を「鉛筆」ツールでドラッグして、空のMIDIイベントを作成する

◉「コードエディット」でコードを入力する

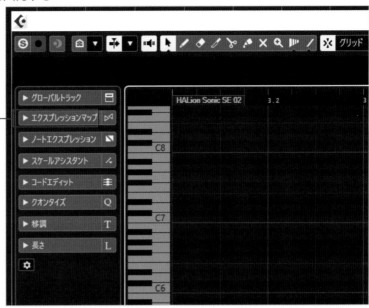

↑←作成したMIDIイベントをダブルクリックするか、「MIDI」メニュー→「キーエディターを開く」から「キーエディター」を呼び出し、左側のメニューにある「コードエディット」をクリックしよう。すると、コードの入力や編集を行なうためのツールが表示される

NOTE①

入力したノートは、左右にドラッグすることで長さを自由に変更することができる

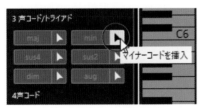

↑コードを入力するには、まず「3声コード／トライアド」か「4声コード」の中から「maj」や「min」など、希望のタイプを選択する必要がある。ここではAマイナーを入力するために「min」をクリックしてみよう

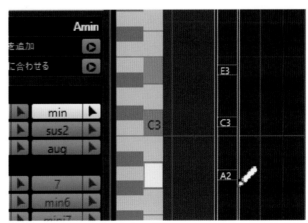

↑キーエディターで、「A2（ラ）」の位置をクリックすると、自動的に「A2（ラ）」、「C3（ド）」、「E3（ミ）」というAマイナーのコードが入力される
NOTE①

← メジャーのコードを入力する場合は、「3声コード／トライアド」の「maj」か、「4声コード」の「maj7」を指定する。ここでは「トライアド」の「maj」をクリックしてみた

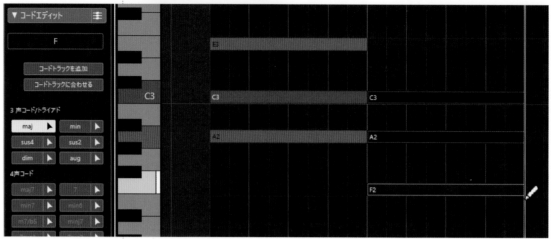

↑「F2（ファ）」をクリックすると、「F2（ファ）」、「A2（ラ）」、「C3（ド）」というFメジャーのコードが入力される

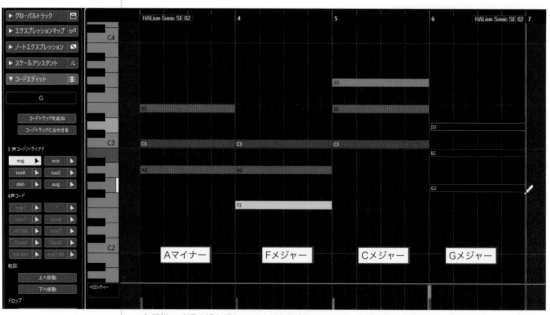

↑同様の手順を繰り返してコードを入力していこう。上画面は1小節ごとに「Aマイナー」→「Fメジャー」→「Cメジャー」→「Gメジャー」を打ち込んでみた状態だ

Chapter **4**

●転回／ドロップでコードのボイシング（発音の並び）を変更する

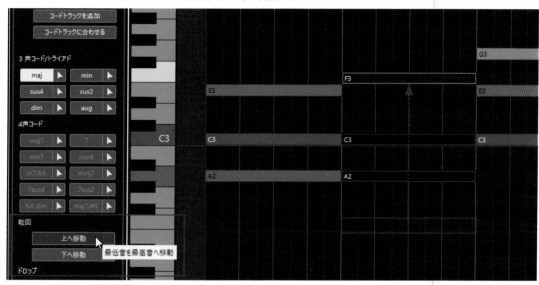

↑打ち込んだコードは、「コードエディット」の下段にある「転回」や「ドロップ」を使うことで、ボイシング（発音の並び）を変更することができる。例えば、Fメジャーのノート（F2、A2、C3）を選択した状態で「回転」の「最低音を最高音へ移動」をクリックすると、Fメジャーのノートの並びをA2、C3、F3に変更することができる

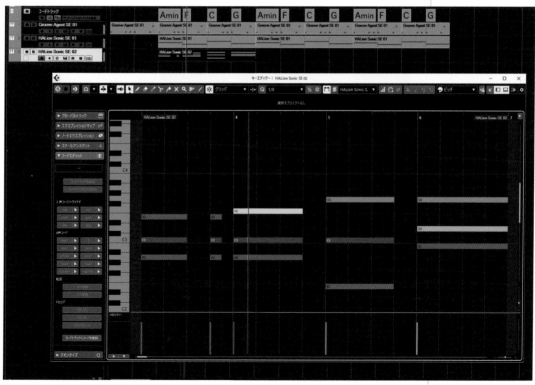

↑ボイシングやフレーズの長さなどを変更して、コードバッキングを完成させていこう。このように「コードエディット」をうまく利用すれば、誰でも簡単にコードに沿ったバックトラックを作成することができる

● シンセのツマミの動きを記録する方法

↑続いて、シンセのツマミの動きをプロジェクトに記録（オートメーション化）させる手順を紹介していこう。上画面は付属のシンセ音源「Retrologue」を起動して、フレーズを打ち込んでみた状態だ

←ツマミの動きを記録したいパラメーターを右クリックして、「オートメーショントラックを表示」を選択する。ここではFilter Cutoffのツマミを右クリックして、「オートメーショントラックを表示」を実行してみよう

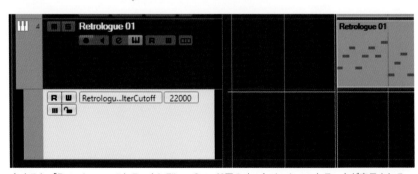

↑すると、「Retrologue」のトラックにFilter Cutoff用のオートメーショントラックが表示される

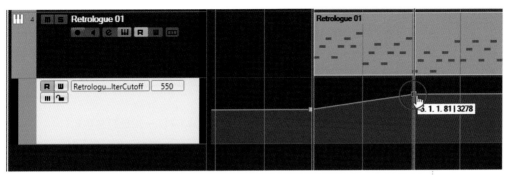

↑オートメーショントラックのラインにカーソルを合わせると
画面のように「■（ドット）」が挿入される。このドットの位置に
よってツマミの動きが制御される仕組みだ

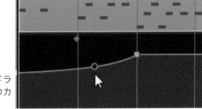

➡「■（ドット）」を上下にドラッグすると、滑らかな曲線のカーブを作ることもできる

カーブに合わせてツマミが動く

↑ツマミの動きが書き込めたら楽曲を再生してみよう。オートメーショントラックのカーブに合わせて
「Retrologue」のCutoffツマミが動き、サウンドが変化していく様子を確認できるはずだ

ブラス/ストリングス編

Chapter 4

ゴージャスな楽曲のアレンジにするには、ブラスやストリングスも入れたいところだ。しかし、打ち込みだとどうしても生っぽく聴こえないという悩みも聞く。ここでは「キースイッチ」や「ノートエクスプレッション」を活用して、フレーズを生っぽく聴かせるテクニックを紹介しよう。

● ブラスらしいリズミカルで歯切れのいいフレーズを打ち込む

NOTE①

「キースイッチ」は奏法を切り替えるために用意されているもので、鍵盤の低音域や高音域（実際の演奏では利用しない音域）に設定されている。キースイッチ対応の音色は、音色名の最後に「VX」が付いているのが目印で、カテゴリーなどを選択した後、検索ボックスに「VX」と入力すればキースイッチに対応した音色のみを絞り込んでピックアップすることができる

↑まずは、ブラスのパートから作成していこう。「トラックを追加」から「HALion Sonic SE」を起動し、プログラム名をクリックして音色を選択する。ここでは、「Brass」のカテゴリーからキースイッチに対応した「Brass Section VX」を選んでみた **NOTE①**

↑続いて、作成したトラック上を「鉛筆」ツールでドラッグして、演奏を入力するための空のMIDIイベントを作成する

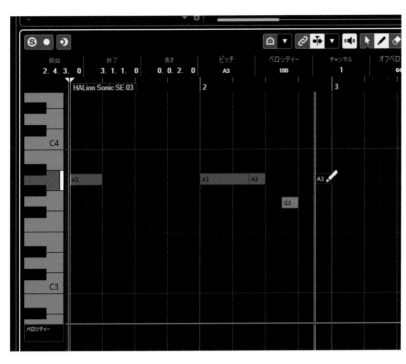

←作成したMIDIイベントをダブルク
リックして「キーエディター」を開い
たらブラスのフレーズを入力する。
副旋律的なメロディーラインよりも、
小節の頭や拍にアクセントを付ける
ような歯切れのいい単音のフレーズ
にするとブラスらしくなる。2小節目
のように16分の裏拍を意識したリズ
ムも定番なので参考にしよう

Chapter 4

NOTE 2

キースイッチとして入力した
ノートは音が出ない仕組みに
なっている。あくまでも奏法
を切り替えるためのきっかけ
を与えるノート情報だ

●キースイッチを利用して演奏に表情を付ける

　ブラスやストリングスは、音符通りに入力したベタ打ちの状態ではメリハリのない無機的な演奏
になってしまうことが多い。キースイッチを利用してブラスらしい表現を付加していこう NOTE 2

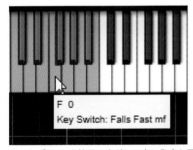

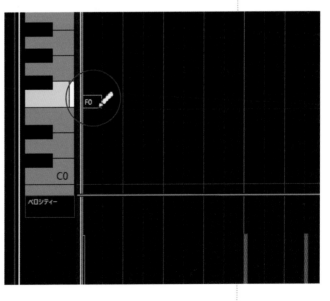

↑→まずは、1小節目の出だしの音に発音と同
時に一気にピッチを下げるフォール奏法を加
えてインパクトを強めてみよう。対応するキー
スイッチは「F0」のノートなので、キーエデ
ィターを下へとスクロールさせて、1音目のタ
イミングに「F0」のノートを入力する

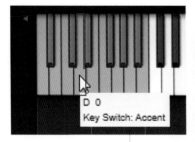

D 0
Key Switch: Accent

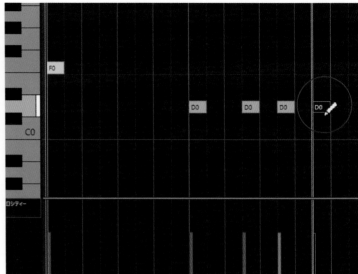

↑2小節目はおとなしい印象なので、力強くて歯切れのいい演奏となるようにアクセントを付けた奏法に切り替えよう。対応するキースイッチは「D0」なので、2小節目の各ノートと同じタイミングにノートを打ち込んでいく

➡ブラスの単音フレーズは、キースイッチでの表現に加え、オクターブユニゾンで演奏するとさらに効果的だ。入力しているノートを範囲選択したら、Windowsでは「Alt」キー、Macでは「option」キーを押しながら1オクターブ上か下へドラッグしてコピーしよう（オクターブ上に重ねると華やかで明るい感じに、オクターブ下を加えると太く迫力ある演奏になる）。入力したフレーズや音域と相談しながら上下のどちらに重ねるかを判断してやろう

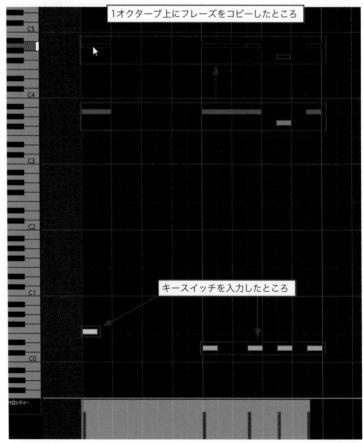

1オクターブ上にフレーズをコピーしたところ

キースイッチを入力したところ

● ストリングスらしい素早い駆け上がりとゆったりと流れるオブリを打ち込む

↑次は、ストリングスのパートを作成してみよう。ブラスと同じ手順で「トラックを追加」から
「HALion Sonic SE」を起動し、「プログラム名」をクリックして音色をチョイスする。ここでは、
「Strings」のカテゴリーから「Legate Strings VX」を選択してみた。P.92でも紹介したように、音
色名に「VX」が付いているものが、キースイッチに対応した音色となっている

↑作成したトラック上を「鉛筆」ツールでドラッグして、演奏を入力するための空のMIDIイベントを
作成する

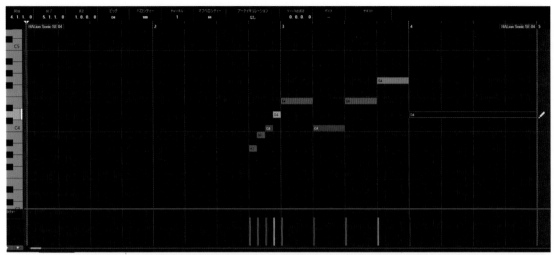

↑MIDIイベントをダブルクリックして「キーエディター」を開いたら、ストリングスのフレーズを打ち込んでいこう。上のように、手前の小節から次の小節の1拍目に向かって素早くスケールを駆け上がってから、ゆったりと動いたり長く伸ばすフレーズにするとストリングスらしくなるので参考にしてみよう

● キースイッチとノートエクスプレッションで演奏に表情を付ける

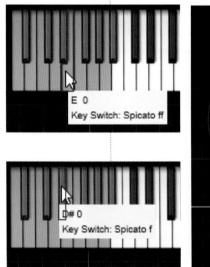

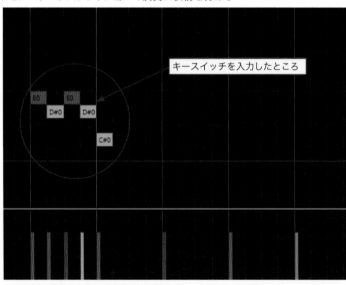

↑ストリングスの音色は立ち上がりが遅いものが多いため、駆け上がりのような速いフレーズと相性が悪い。そこで、この部分だけキースイッチを使って立ち上がりの速い音色に切り替えると効果的だ。ここでは、表拍をSpicato奏法のフォルテッシモ（E0）に、裏拍をSpicato奏法のメゾフォルテ（D#0）とすることで強弱も表現してみた。また、続く1拍目の音も通常よりも強めの奏法となるNomal Hard（C#0）を選んでアクセントを付けている

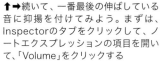

伸ばしている音

↑➡続いて、一番最後の伸ばしている音に抑揚を付けてみよう。まずは、Inspectorのタブをクリックして、ノートエクスプレッションの項目を開いて、「Volume」をクリックする

➡「鉛筆」ツールを選択して抑揚を設定したいノート（伸ばしている音）をダブルクリックすると、その上にノートエクスプレッションを入力するための画面が開く

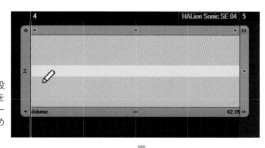

➡ツールバーで「ライン」ツールを選択して、音量変化を入力していこう。ここでは、立ち上がり部分はクレッシェンドするように、下から25％くらいの位置を目安に2拍分を使って最大値に向かってラインを描き、4拍目から終わりに向かって音量を下げてデクレッシェンドさせてみた。これで、無機的だった音が柔らかに立ち上がり、スッと自然に減衰する感じになる

ノートエクスプレッションを設定したところ

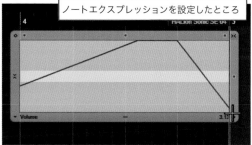

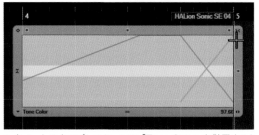

←↑ノートエクスプレッションの「Tone Color」を併用すると、クレッシェンドする際により一層自然な減衰感が得られるようになる。「Tone Color」はラインが上に上昇するほど音色が柔らかくなるのが特徴だ。先ほどのVolumeのラインと同じ要領で、4拍目のところから上に向かってラインを描こう。これでデクレッシェンドする際に音色も一緒に柔らかくなる

Chapter 4 「サンプラートラック」を活用する方法

Cubaseはバージョン11から「サンプラートラック」がさらなる進化を遂げている。ここでは、新搭載された「Slice」を使ったビートメイクの構築方法、そして「AudioWarp」を利用したフレージングおよびLFOの使い方を紹介していこう。

➡まず右ゾーンの「メディア」から「ループ＆サンプル」を押して、希望の素材を探していこう。ここではドラムのループ素材を収録している「Drum Loops」をチョイスしてみた

⬆表示されたループ素材をクリックしながら、サウンドをプレビューしていこう。この時、「メディア」右下の「結果リストの新しい選択項目を自動再生」、「ビートをプロジェクトに合わせる」、「プロジェクトの再生に合わせる」を有効にしておくと、楽曲のテンポや再生ポジションと同期した状態で素材を試聴可能だ。また、曲の特定の範囲で素材を繰り返し再生したい場合は、左右のロケーターで範囲を選択後、トランスポートの「サイクル」をオンにしておくといい（※）

※「Control Room」機能がオンになっていると、ループ素材がプレビューできないことがあります。
その際は「Control Room」機能をオフにするとプレビュー可能になります。

➡使いたいループ素材が見つかったら
「プロジェクト」メニュー→「トラックを
追加」、または「＋（トラックを追加...)」
ボタンを押して、「サンプラートラック」を
作成する **NOTE①**

NOTE①
下ゾーンで「サンプラーコン
トロール」を表示しておけば、
プロジェクト上のオーディオ
素材やMIDIパートをドラッ
グ＆ドロップすることでもサ
ンプラートラックを作成する
ことができる

↑下ゾーンに「サンプラーコントロール」が表示されるので、希望のルー
プ素材をここへドラッグ＆ドロップしよう

04 096 Drums-b

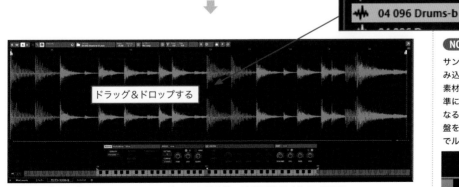

↑すると、「サンプラーコントロール」に読み込んだ素材の波形が表示される **NOTE②**

NOTE②
サンプラーコントロールに読
み込んだループ素材は、その
素材のルート（青い鍵盤）を基
準に音程が付けられるように
なる。今回の例では、C3の鍵
盤を押すとオリジナルの音程
でループ素材が再生される

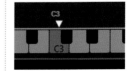

●「Slice」でループ素材を再構築する

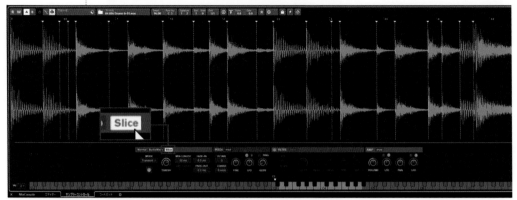

↑読み込んだ素材は、左下（青）の「Nomal」、「AudioWarp」、「Slice」の3タイプから再生方法が選択できる。ここでは、バージョン11で新搭載された「Slice」をクリックして、ループ素材を細かく分割してみよう（スライスの各モードに関しては、下段のコラム参照）

➡分割された波形はC3から順番に鍵盤に割り当てられ、MIDIキーボードなどで演奏できるようになる。各ノート（鍵盤）に割り当てられた波形は、右のようにオレンジ色に点灯するので、視覚的にもわかりやすい

POINT 「Slice」のモードについて

「Slice」のモードは、デフォルトは波形の立ち上がりを検知して設定する「Transient」になっているが、MODEのプルダウンメニューで「Grid（グリッドで設定した値で分割する）」、「Transient＋Grid（2つを併用した状態で分割する）」、「Manual（自分の好きな位置で分割する）」が選択できるようになっている。

➡「Manual」を選択した場合、Windowsでは「Alt」、Macでは「command」を押しながら任意の場所をクリックすると、スライスのラインが入力できる（再度、Altやcommandを押しながらラインをクリックすると消去される）

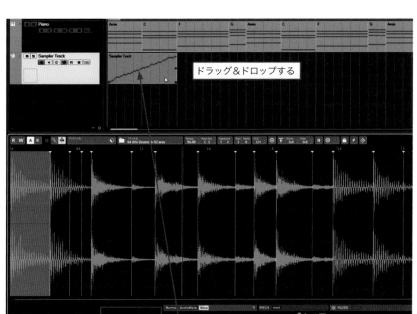

ドラッグ&ドロップする

← スライスされた波形は、MIDIキーボードなどを使って演奏することができるが、「Drag MIDI Phrase to Project」のアイコンをドラッグ&ドロップすることで、素早くMIDIデータ化することも可能だ

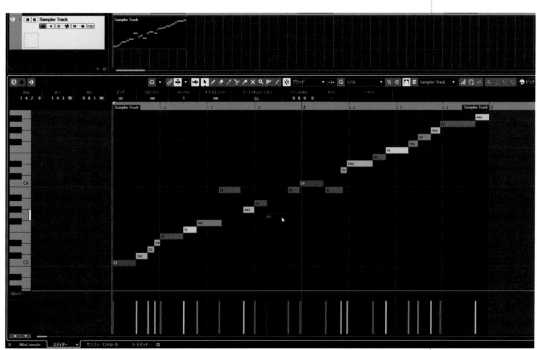

↑ MIDIイベントをダブルクリックしてキーエディターを開き、上のようにノートの順番を入れ替えれば、簡単にループ素材を再構築することができる

●「Normal」でサンプルの質感／ニュアンスを変える

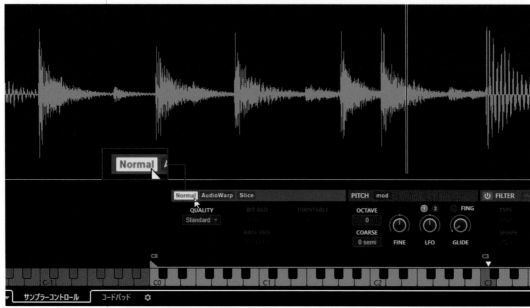

↑左下の再生モードを「Normal」にすると、通常のサンプラーのように基準（ここではC3）となるノートでオリジナルの波形を再生し、ノートの高低で音程が付けられるようになる（ただし、テープレコーダーのように、ピッチが高いと再生スピードが早くなり、ピッチが低いと再生スピードが遅くなる）。また、「Normal」モードの下にある「QUALITY」では再生の品質を設定可能だ **NOTE③**

NOTE③

「Standard」、「High」、「Best」、「Extream」はサンプルをリアルタイムに移調する際のアルゴリズムを指しており、品質設定を高くするほど、高い周波数の再生能力が向上する。ただし、その分CPUへの負荷も大きくなるため、高周波成分があまりない素材では「Standard」を選択するといいだろう

NOTE④

「45rpm」だと一般的なレコードの質感、「78rpm」だとそのエフェクト感をさらに強めることができる

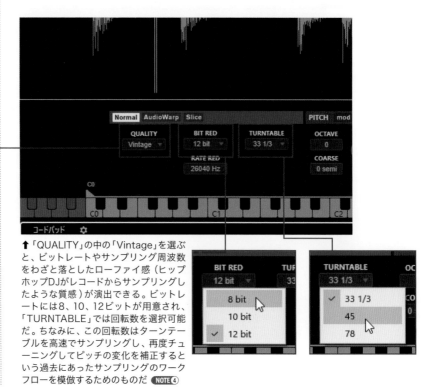

↑「QUALITY」の中の「Vintage」を選ぶと、ビットレートやサンプリング周波数をわざと落としたローファイ感（ヒップホップDJがレコードからサンプリングしたような質感）が演出できる。ビットレートには8、10、12ビットが用意され、「TURNTABLE」では回転数を選択可能だ。ちなみに、この回転数はターンテーブルを高速でサンプリングし、再度チューニングしてピッチの変化を補正するという過去にあったサンプリングのワークフローを模倣するためのものだ **NOTE④**

102

●「AudioWarp」でフレーズを打ち込む

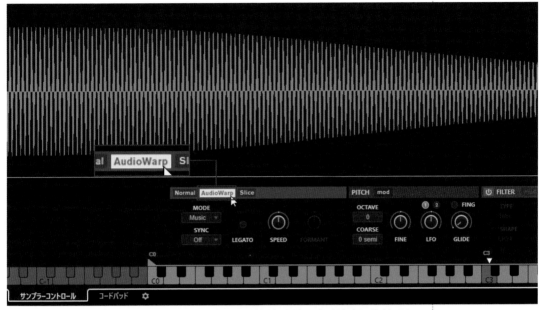

↑左下の再生モードを「AudioWarp」にすると、読み込んだ素材の再生スピードを変えず（タイムストレッチをかけた状態）に、音程（ピッチ）を活かした演奏を行なうことができる。ここでは、ワンショット波形（単音の波形）を読み込んで、今流行りの808系超重低音ベースを演奏する手順を紹介していこう

→ メディアブラウザの検索欄に「808」と入力すると、808系のバスドラムがヒットする。今回は「Hip Hop - 808 01」というワンショット波形をチョイスしてみた

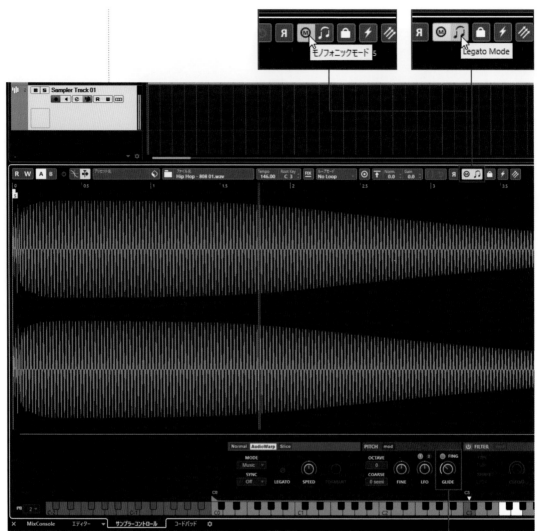

NOTE ⑤

「グライド（ポルタメント）」と
は、音程と音程の間を滑らか
につなぐシンセサイザー特有
の機能のことだ。任意のノー
ト（鍵盤）を押してから別のノ
ートに移った際、その音程の
立ち上がりを「Glide Time」
で設定することになる

↑➡ サンプラーコントロールに808系の波形が取り込め
たら右上の「モノフォニックモード」と「Legato Mode」
を有効にして、「Glide Time」のツマミを動かしていこう。
この状態でMIDIキーボードを演奏すると、音程を移動し
た際にグライド（ポルタメント）が掛かったモノフォニッ
クなベースを演奏することができる。なお、「Glide Time」
の上にある「FING」をオンにしておくと、ノートが重なっ
ていない状態で音程を変えた時は「グライドなし」で演奏
することが可能だ **NOTE ⑤**

POINT 「ループモード」を併用したテクニック

　808系のワンショット波形を利用してベースフレーズを演奏すると、どうしても全音符や2分音符といった長めの音符だと波形の長さが足りないケースも出てくるだろう。そういった場合は、ループモードの「Continuous」を併用して、ワンショット波形の一部をループ状態にしてやるのがポイントだ。

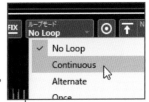

➡ループモードを「No Loop」から「Continuous」に切り替える

←「オーディオ - ゼロクロスポイントにスナップ」をオンにする

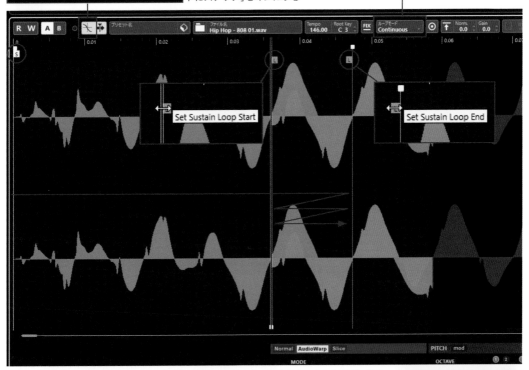

⬆ループモードを「Continuous」にすると、波形の先端の「S」からスタートした音が、その後、ループのスタートポイントとエンドポイントで設定した範囲で繰り返し再生されるようになる。ワンショット波形を拡大表示させて、MIDIキーボードなどで演奏しながらベースのループ範囲を設定していくといいだろう。ループ範囲は、上画面のようになるべく波形の先頭に近い位置でごく狭い範囲で設定してやるのがコツだ

⬆波形の拡大縮小表示は右下の「+」「-」のスライダーで行なえる(ショートカットキーは「G」「H」)

←画面のようにループのエンドポイントの上に表示される白い□を左側にドラッグすると、波形にクロスフェードが掛かり、よりスムーズにサウンドを再生することができる

● 2つの「LFO」を使ったサウンドメイク

↑サンプラートラックでは、「PITCH」、「FILTER」、「AMP」それぞれに1、または2のどちらかのLFOを利用することができる（LFOと書かれたパラメーターの上で1か2を選択可能）。LFOのツマミはデフォルトではセンターの0％なので掛からないが、このツマミを回すことで「PITCH」であれば音程、「FILTER」であればフィルター、「AMP」であればボリューム、パンを揺らすことができる

↑こちらは「PITCH」のLFOツマミ（LFOの「1」を選択）を回して、音程を揺らしてみた状態。LFOの揺れ具合は、「PITCH」の右隣りにある「mod」をクリックすると表示される画面で細かく設定できる。揺れの周期は「FREQ」ツマミで調整するのがポイントだ **NOTE 6**

NOTE 6

「LFO」の1または2の設定は、画面右上の「lfo」の数字で切り替えることができる

NOTE 7

SyncのプルダウンメニューにはLFOの周期をテンポに同期させるものが用意されている。ビート系の素材の場合は「Tempo+Beat」を選択すると、FREQのツマミを回した際に「1/4」や「1/8」など、拍単位の値が設定可能だ

→今度は「AMP」の音量のLFOツマミ（LFOの「2」を選択）を回してみよう。先ほどの「PITCH」同様、「AMP」の横の「mod」をクリックすると音量の揺れ具合を細かく設定可能だ。なお、P.90で紹介しているように、各パラメーターはオートメーション化して動きを記録することもできる。オートメーションなども併用すると、有機的で動きのあるフレージングが行なえるはずだ **NOTE 7**

Chapter 4 「スケールアシスタント」の活用方法

Cubase11では、楽曲のスケールに沿った編集や入力が行なえる「スケールアシスタント」が新搭載されている点も見逃せない。ここでは、スケールアシスタントの「スケールノートガイドを表示」、「ピッチ編集をスナップ」、「ライブ入力をスナップ」を順番に解説していこう。

●「スケールノートガイドを表示」

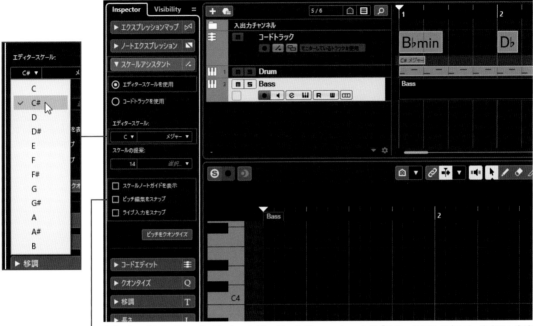

↑「スケールアシスタント」は、キーエディターの「Inspector」から「スケールアシスタント」をクリックすると表示できる。デフォルトでは「Cメジャー」が設定されており、Cメジャー以外のスケールの曲を作りたい場合は、任意のキーや調をプルダウンメニューから選択すればいい。今回は、例として「C#メジャー」を選択してみた

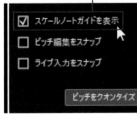

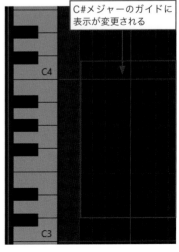

C#メジャーのガイドに表示が変更される

↑→「C#メジャー」を選択した状態で、「スケールノートガイドを表示」にチェックを入れると、画面のようにキーエディターが「Cメジャー」から「C#メジャー」で使用可能なノートのガイドに変更される

◉「ピッチ編集をスナップ」

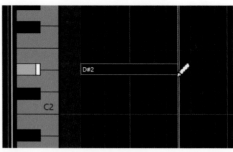

↑続いて、「ピッチ編集をスナップ」のチェックを有効にしてみよう。すると、鉛筆ツールでノートを入力（またはすでに入力済みのノートを移動）した際に、「C#メジャー」で使用可能なスケールへと自動的に吸着するようになる（上画面では実際にはD2のノートを鉛筆ツールでドラッグしているのだが、このようにD#2の音が強制的に入力されるようになる）

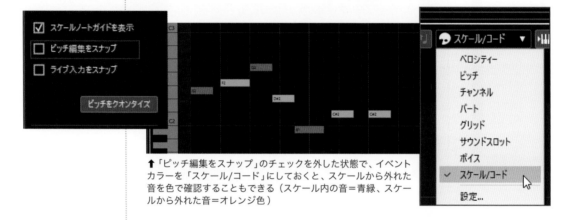

↑「ピッチ編集をスナップ」のチェックを外した状態で、イベントカラーを「スケール/コード」にしておくと、スケールから外れた音を色で確認することもできる（スケール内の音＝青緑、スケールから外れた音＝オレンジ色）

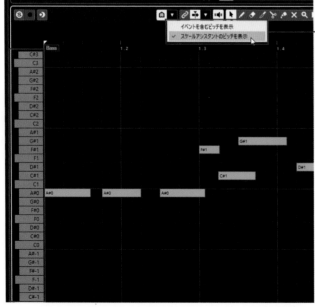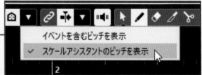

↑←また、キーエディターの左上にある「ピッチ表示オプションを選択」のプルダウンメニューから「スケールアシスタントのピッチを表示」を選択すると、左のように鍵盤の部分に「C#」や「D#」といった「C#メジャー」で使用可能なスケールのみを表示させることもできる

●「ライブ入力をスナップ」

↑最後に「ライブ入力をスナップ」を見ていこう。「エディター内で録音」を有効にした状態で、この項目にチェックを入れると、キーエディター上にスケールに沿ったノートのみをレコーディングしていくことができる

↑ここではスケールに「C#メジャー」を設定しているので、MIDIキーボードを使って録音した場合、例えば「D」のキー（鍵盤）を押しても自動的に「D#」に変換されてフレーズが入力されることになる。このように「ライブ入力をスナップ」を活用すれば、スケールの知識や演奏力の未熟な人でも、簡単にスケールに沿ったフレーズをレコーディングすることができるのだ

バージョン11で強化されたその他のキーエディターの機能について

バージョン11のキーエディターでは、オートメーションと同様の滑らかなカーブをCC（コントロールチェンジ）のエリアに設定できるようになっている。また、キーエディター上部にテンポや拍子、マーカーといったグローバルトラックが表示できるようになったのもポイントだ。

●「ピッチベンド」のカーブ

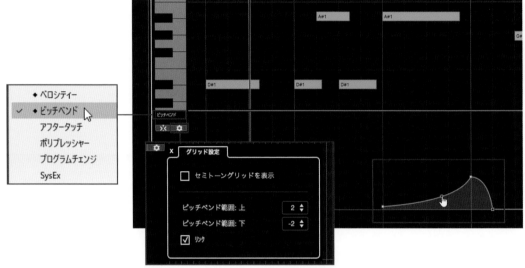

↑こちらはベースのMIDIフレーズを入力した後、下段のコントロールチェンジでピッチベンドの情報を追記してみたところ。画面にようにバージョン11では、設定したポイント間にあるドットを上下させることでコントロールチェンジを滑らかなカーブで入力でき、「グリッド設定」を開くことでピッチベンドの範囲なども細かく設定できる

●「キーエディター上にグローバルトラックを表示」

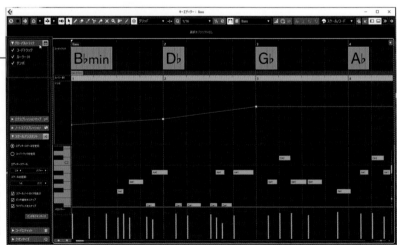

➡独立した状態でキーエディターを起動した場合、左側の「グローバルトラック」から任意の情報を選んでキーエディター上部に表示することができる。グローバルトラックにはビデオトラックも表示できるので、MA作業にキーエディターを活用する使い方もオススメだ

ミックスダウンを行なう

Chapter **5**

「MixConsole」の概要

Chapter 5

録音したギターやボーカル、VSTインストゥルメントで打ち込んだバックトラックは、それぞれの音量や定位を調整し、エフェクト処理などを加えると楽曲としての完成度をさらに高めることができる。ここでは、ミックスの核となる「MixConsole」の基本的な使い方からチェックしていこう。

●「MixConsole」の起動方法

●下ゾーンに表示させる

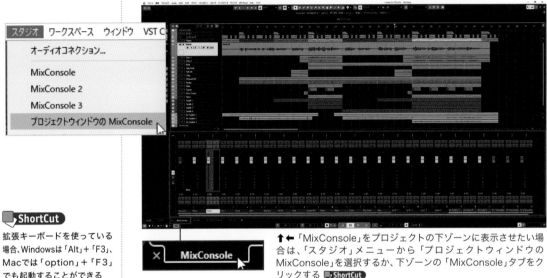

ShortCut

拡張キーボードを使っている場合、Windowsは「Alt」+「F3」、Macでは「option」+「F3」でも起動することができる

↑←「MixConsole」をプロジェクトの下ゾーンに表示させたい場合は、「スタジオ」メニューから「プロジェクトウィンドウのMixConsole」を選択するか、下ゾーンの「MixConsole」タブをクリックする **ShortCut**

NOTE 1

「MixConsole」は、「MixConsole 2」と「MixConsole 3」の計3つの表示方法を保存し呼び出すことができる。例えば、P.114で紹介している「左ゾーン」の「Visibility」を利用して「MicConsole」には全トラックを表示させた状態、「MixConsole 2」にはインストゥルメントのみを表示させた状態など、ミキサーの表示内容によって使い分けることが可能だ

●別ウィンドウで表示させる

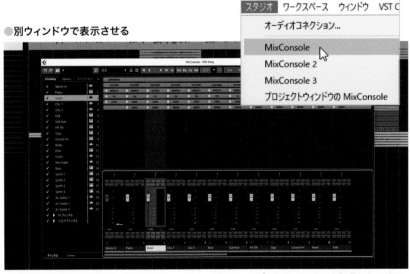

ShortCut

拡張キーボードを使っている場合、Windows/Macともに「F3」でも起動することができる

↑プロジェクトウィンドウとは別の独立したウィンドウとして「MixConsole」を起動したい時は、「スタジオ」メニューから「MixConsole」を選択すればいい **NOTE 1** **ShortCut**

●「MixConsole」の表示のカスタマイズ

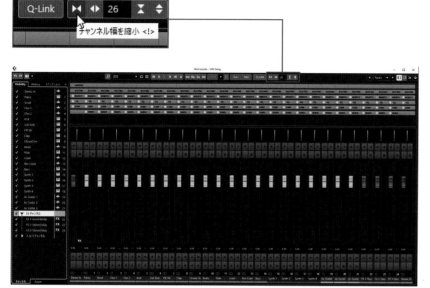

↑「MixConsole」の各チャンネルは、「チャンネル幅を拡大」または「チャンネル幅を縮小」をクリックすると表示幅を変更できる。また、チャンネル幅の隣りにある「チャンネル数を設定」では、MixConsoleに表示するチャンネル数を数値入力することも可能だ **NOTE②**

NOTE②

「MixConsole」に表示される各フェーダーは、チャンネルの種類によって色分けされている。赤=インプットチャンネル（オーディオ録音用のチャンネル）またはアウトプットチャンネル。薄い黄色=インストゥルメントチャンネル。白=オーディオチャンネル。紫=FXチャンネル。青=グループチャンネル。緑=VCAフェーダー

●「チャンネル設定」

チャンネル設定

↑➡「MixConsole」の各チャンネルにある「e」ボタンを押すと、そのチャンネルに特化した「チャンネル設定」画面が表示される。エフェクト処理やチャンネルストリップでの音作り、EQ処理などを行なう際は、「チャンネル設定」を利用すると大きな画面で作業しやすい

●「左ゾーン」の使い方

← 独立したウィンドウとして「MixConsole」を起動した場合、「左ゾーンを表示/隠す」ボタンをオンにすると「MixConsole」の左側に「左ゾーン」が表示され、ミキサー内に表示するトラックの取捨選択や操作した内容の履歴、スナップショット機能が利用できる

●表示トラックの選択

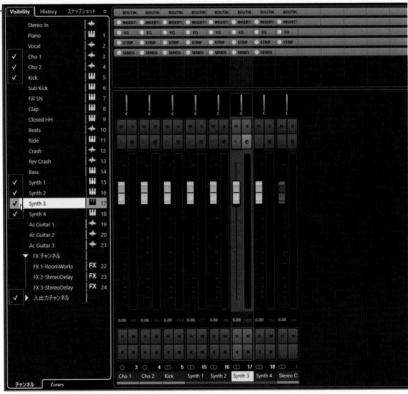

↑「左ゾーン」の「Visibility」では任意のチャンネルのチェックを外すことで、「MixConsole」に表示させるチャンネルを絞り込むことができる

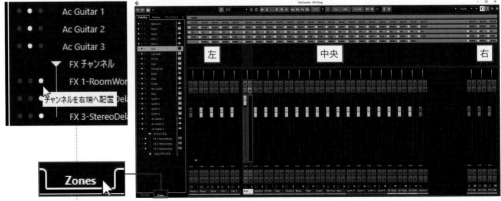

↑ また、「Visibility」タブを選択した状態で右下の「Zones」をクリックすると、各チャンネルを「MixConsole」内の「左」、「中央」、「右」のどこに配置させるかの設定も行なえる

● ヒストリー

←「左ゾーン」の「History」では、「MixConsole」で操作した履歴が表示され、クリックすると作業を遡ることができる NOTE 3

NOTE 3

「History」に表示される履歴は、画面の「アンドゥ/リドゥ」ボタンでも遡ることができる

● スナップショット

↑➡ 「カメラ」のアイコンをクリックすると、「MixConsole」の状況をスナップショットとして保存できる。「History」で作業を遡るのとは違って、様々な「MixConsole」の設定を時間ごとに丸ごと保存できるため、ミックスのバージョン違いを比較したい時などに便利だ。また、スナップショットでは、「スナップショットノート（エリアをクリックすると文字が入力可能）」として、各ミックスに関するメモも残しておける

115

●「右ゾーン」の使い方

← 「右ゾーンを表示/隠す」ボタンを有効にすると、「Mix Console」の右側に「右ゾーン」が表示される。右ゾーンでは、「CR（コントロールルーム）」や「メーター」を利用することができる

●CR

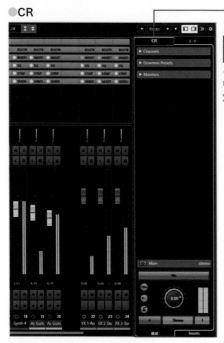

↑「右ゾーン」の「CR」タブを選択すると、「Control Room」用の構成などが表示・設定できる NOTE④

NOTE④

通常、プロのレコーディング現場では「コントロールルーム」と呼ばれるミキシングルームと、ボーカリストなどがオケを聴きながら歌ったり演奏する「録音ブース」が分かれている。このような環境でエンジニアとプレイヤーがコミュニケーションを取るのに便利なのが「Control Room」機能だ。「Control Room」を利用するには、事前に「スタジオ」→「オーディオコネクション」で「Control Room」用のチャンネルを追加（やり取りに使うTalkback、Cueを追加）し、オーディオデバイスの設定を行なう必要がある

●メーター

↑「右ゾーン」の「メーター」タブを選択すると大きなレベルメーターが表示され、サウンドの最大ピーク（瞬間的な最大音量）やRMS（平均的な音圧）を確認することができる

●「ウィンドウレイアウトの設定」

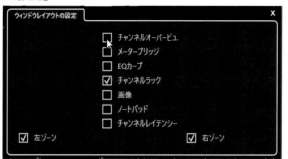

↑➡「ウィンドウレイアウトの設定」を押すと、「MixConsole」に表示する要素を選択することができる

NOTE 5

「メーターブリッジ」上で右クリックすると表示されるメニューからメータータイプを「Wave」に切り替えると、メーターブリッジにオーディオトラックの波形を表示できる

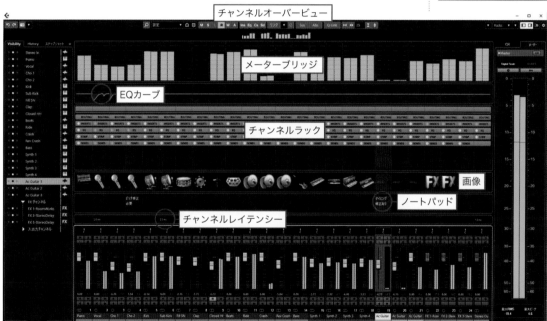

↑こちらは「チャンネルオーバービュー」、「メーターブリッジ」、「EQカーブ」、「チャンネルラック」、「画像」、「ノートパッド」、「チャンネルレイテンシー」のすべてを表示してみた状態だ NOTE 5

●各表示の使い方

・「チャンネルオーバービュー」：各チャンネルの状況を俯瞰で確認することができる
・「メーターブリッジ」：より大きなメーターで表示したい時に活用する
・「EQカーブ」：各チャンネルのEQ状況を一度に確認したい時に活用する
・「チャンネルラック」：「ROUTING」、「INSERTS」、「STRIP」などを設定したい時に活用する
・「画像」：各チャンネルの内容を視覚的に判断したい時に活用する
・「ノートパッド」：テキストを入力し、メモ代わりに利用する
・「チャンネルレイテンシー」：プラグインエフェクトを利用した際の発音の遅れ（レイテンシー）を数値化する NOTE 6

NOTE 6

「チャンネルレイテンシー」の数値の右側にカーソルを移動すると表示される「▼」をクリックすると、レイテンシーの原因や詳細が確認できる

「音量」と「定位」の調整をする

Chapter 5

「MixConsole」の概要がわかったところで、ここからは「MixConsole」や「チャンネル設定」に用意されているフェーダー／パンの使い方を解説していこう。ページの後半では複数のトラックをまとめて制御する方法も紹介しているので、そちらも併せてチェックしてもらいたい。

NOTE①

Windowsでは「Ctrl」+「Shift」+上下矢印。Macでは「command」+「Shift」+上下矢印で、1dBずつ音量を上げ下げすることができる。また、Windowsでは「Ctrl」、Macでは「command」を押しながらフェーダーをクリックすると、デフォルトの位置（0dB）にリセットされる

NOTE②

Windowsでは「Ctrl」+「Shift」+左右矢印。Macでは「command」+「Shift」+左右矢印で、定位を10ずつの値で変更できる。また、フェーダー同様、Windowsでは「Ctrl」、Macでは「command」を押しながらクリックすると、デフォルトのセンターの位置（0dB）にリセットされる

●フェーダーで「音量」、パンナーで「定位」を決める

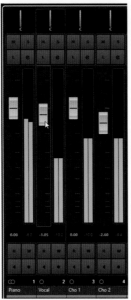

← 各チャンネル（ギターやボーカルなどのトラック）の音量は、フェーダーを上下することで調整できる。数値部分をクリックすれば、直接音量レベルを設定することも可能だ **NOTE①**

↑ 各チャンネルの定位は、フェーダー上部のラインを左右に動かすことで設定できる **NOTE②**

●「ソロ」、「ミュート」で各チャンネルをモニターする

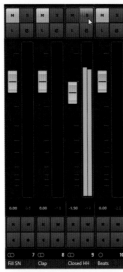
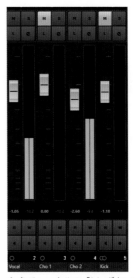

ShortCut

任意のチャンネルを選択した状態でキーボードの「S」を押すとソロが設定できる

ShortCut

任意のチャンネルを選択した状態でキーボードの「M」を押すとミュートが設定できる

↑ 各チャンネルは「S」ボタンを押すと、ソロ（単独）の状態でモニターすることができる **ShortCut**

↑ 各チャンネルの「M」ボタンを押すと、そのチャンネルをミュート状態（音が出ない状態）にできる **ShortCut**

●「パンナー」のモードについて

← ステレオチャンネルの場合、
定位の「▼」をクリックすると、
パンのモードが設定できる

← こちらは「ステレオコンバインパン」を選択した状態。定位を動かした時に、左右の相対的な距離が維持されるのが特徴で、「ステレオバランスパン」とは違った音像を作ることができる NOTE3

NOTE 3

「ステレオコンバインパン」をクリックホールドした状態で上方向にドラッグすると、定位を反転できる（反転すると青からオレンジに変更）。例えば、ドラムの定位をプレイヤー側から客席側に反転させたい時などに活用するといい

POINT　エンジニアに聞いた「音量」と「定位」の調整手順

解説：間瀬哲史（エンジニア）

●ミックスを行なう時は、何から手を付けますか？

ジャンルにもよりますが、低域センターのバスドラムから手を付けることが多いと思います。僕の場合、歌を前面に出したい曲では歌を出しながらミックスしていきますし、バンドサウンドの一部として歌があるような曲ではドラムだけで作業を始めることもあります。

●どのように各パートの音量を決めていけば良いのでしょうか？

感覚的なところもあるのですが、ある程度グループ化した状態で音量を調整していくとやりやすいと思います。例えば、キックやスネア単体ではなくて、ドラム全体を鳴らした時に、マスターフェーダーであとどのくらいマージンが残っているかを見るとか。僕はドラム、ベース、ギター、キーボードというようにグループ分け（ステム化）して、まずはそれぞれで調整しています。グループ化しておくことで「ちょっとドラムを下げたいな」というようなケースにも簡単に対応できますし、グループ単位でリミッターを掛けたりもできますから。

●定位の調整は？

バンドでのドラムで言えば、ハイハットが左に合って右に向かってタムが流れるプレイヤー目線にすることが多いです。でも、これは好みなのでお客さん側の目線でもいいと思いますし、打ち込みの音を混ぜるのであれば、本当に自由な発想で定位させていいと思います。

●その他のパートに関しては？

ベースは基本はセンターです。ただし、センターにはバスドラムもいるので、音量をあまり上げずにベースを聴かせたい時は、定位をちょっとズラしてやります。あとは、ベースの音色を変えて、バスドラムとの居場所（ベースが上か、下か）を調整することもあります。

●ギターに関しては？

曲中に何本入っているかにもよりますけど、1本でもちょっとズラすか、コーラスのような定位を広げるエフェクトを掛けることが多いですね。場合によっては、ギタートラックを複製して、片方にEQをして音色に違いを出してパンを左右に振ったりとか、これだけでもミックスに立体感が生まれてきます。

●ボーカルはどうですか？

メインはセンターですね。単純なハモリであれば、それもセンターにすることが多いです。ボーカルに関しては音量のオートメーションを書くことも多くて、パターンとしては、コンプを強く掛けて平坦になったボーカルに「抑揚を付ける目的」で設定する場合と、逆にコンプを軽く掛けたボーカルの「音量を部分的に持ち上げる目的」で設定するケースがあります。

●複数トラックをまとめて制御する方法 その①
出力を「グループトラック」にまとめる

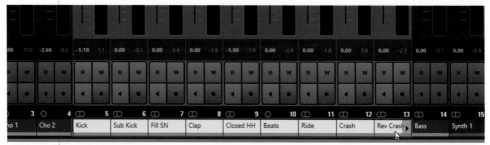

↑ 任意のチャンネル（ここでは、「Kick」から「Rev Crash」までの計9つのチャンネル）を「Shift」キー
を押しながら選択する

↑ チャンネル上で右クリックすると表示
されるメニューから「選択チャンネルに
グループチャンネルを追加」を実行する。
ここでは、「Drum」という名前の「グルー
プトラック」を作成してみよう

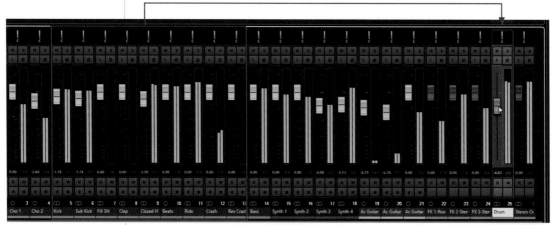

↑ すると、「MixConsole」に「Drum」という「グループトラック」（画面一番右の青色
のフェーダー）が作成され、「Kick」から「Rev Crash」までの計9つのチャンネルの出
力をまとめることができる。この「Drum（グループトラック）」のフェーダーを上げ下
げすることで、9つの音量を一気にコントロールすることができるのだ

● 複数トラックをまとめて制御する方法 その②
「リンクグループ」を組んでフェーダーを同時に操る

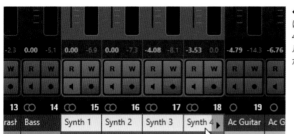

← 任意のチャンネル（ここでは、「Synth 1」から「Synth 4」までの計4つのチャンネル）を「Shift」キーを押しながら選択する

← チャンネルを選択した状態で「MixConsole」上部の「リンク」をクリックする

↑ リンクグループに名前（ここでは「Synth」という名称にしてみた）を付けて、「OK」ボタンをクリックする

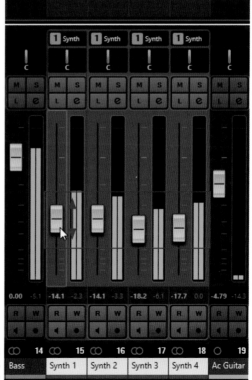

NOTE 4

作成した「リンクグループ」は、再度「リンク」をクリックすると解除することができる

➡ すると、グループ化したチャンネルのいずれかのフェーダーを動かすことで、それ以外のフェーダーも同時にコントロールできるようになる **NOTE 4**

●複数トラックをまとめて制御する方法 その❸
「VCAフェーダー」を利用して一括コントロール

↑リンクグループを設定する際に「VCAフェーダー」を使用して複数のチャンネルをコントロールする手もありだ。「VCAフェーダー」を利用するには、「VCAフェーダーを使用」にチェックを入れた状態で「OK」ボタンを押そう

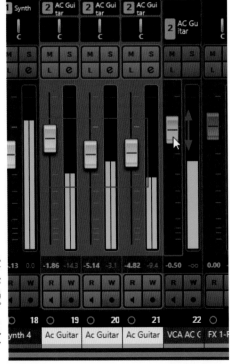

➡すると、「MixConsole」上に緑色の「VCAフェーダー」が作成され、フェーダーを上下することで、リンクしたチャンネルの音量が調整できる。なお、「VCAフェーダー」の場合、オーディオの出力をまとめた「グループトラック（青色のフェーダー）」とは異なり、実際のオーディオ信号はルーティングされておらず、フェーダーの位置情報のみをコントロールできるのが特徴だ

Chapter 5 「INSERTS」（インサートエフェクト）を使う

「MixConsole」や「チャンネル設定」にはエフェクトを設定するための「INSERTS」スロットが用意されている。ここでは「INSERTS」にエフェクトを呼び出して「インサートエフェクト」として利用する方法を紹介していこう。

●インサートエフェクトを設定する手順

← インサートエフェクトを掛けるには、「INSERTS」の空きスロットをクリックし、プラグインエフェクトの一覧から希望のエフェクトを選択すればいい NOTE①

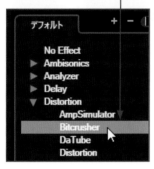

← ここでは「Distortion」→「Bitcrusher」をチョイスしてみた

↑「Bitcrusher」が表示され、エフェクトを掛けることができる NOTE②

NOTE①

「INSERTS」には、「Pre」と書かれたPreフェーダースロットと「Post」と書かれたPostフェーダースロットが用意されている。Preフェーダースロットの場合はフェーダーで音量調整する前の音、Postフェーダースロットの場合はフェーダーで音量調整した後の音にエフェクトが掛かる仕組みだ。なお、PreとPostの境界線は緑色のラインを上下にドラッグすると変更できる

NOTE②

「INSERTS」には、ボーカルやギター、ドラム、2ミックスなど、様々なトラックにマッチした「トラックプリセット」が用意されている。エフェクトの設定がよくかわからないという入門者は、この「トラックプリセット」を参考にミックスを行なっていくといい

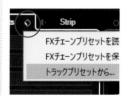

NOTE 3

設定したエフェクトの画面は
「e」ボタンを押すと表示する
ことができる

↑同様の手順で、2つ目の「INSERTS」の空きスロットに「DualFilter」を読み込んでみた。この場合は
「Bitcrusher」が掛かった音に「DualFilter」が掛かることになる NOTE 3

←設定したエフェクトは、リストの左端に
ある「バイパス」ボタンを押すと一時的に
無効にすることができる

●エフェクトの掛かり方の順番を変える

➡「INSERTS」に読み込んだエフェクトは、
リストの上から下に向かって信号が流れる
仕組みになっている。エフェクトを掛ける
順番を変更したい場合は、任意のエフェク
トをドラッグして位置を変更すればいい
NOTE 4

NOTE 4

「Inserts」の右にある矢印を
クリックすると、「Inserts」
と「Strip」の接続順を変更す
ることもできる

●別のチャンネルにエフェクトを移動／コピーする

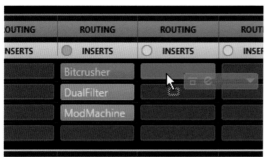

←「MixConsole」では、ドラッグ操作で別のチャンネルにエフェクトを移動することもできる。ちなみに、Windowsでは「Alt」、Macでは「option」を押しながらドラッグすると、エフェクトの設定を保ったまま別チャンネルへコピーすることも可能だ

POINT　「サイドチェイン（Side-Chain）」を使ったサウンドメイク

　Cubaseでは、コンプレッサーを活用した「サイドチェイン」のルーティングが設定しやすいのも特徴だ。ここでは、EDM系の楽曲に欠かせないベースの音をポンピングさせる手法を紹介しよう。

←まずはベースとキックを用意する。ベースはキックの発音タイミングでコンプを掛けたいので、少し長めのノートで打ち込んでおくのがポイントだ

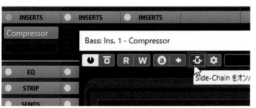

↑ベースの「INSERTS」に「Compressor（コンプ）」を設定して、「Side-Chainを有効化」のボタンを押す

↑→ 続いて、「Side-Chainルーティング」のボタンを押して、「Side-Chainソースを追加」をクリックする。楽曲で使用しているトラックのリストが出てくるので、ここでソースとなるキックのトラックを選択しよう

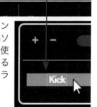

←すると、キックがトリガーとなってベースにコンプが掛かるようになる。「ブー、ブー」というベースが「ッブ、ッブ」というように跳ねるようなサウンドになれば成功だ **NOTE 5**

NOTE 4

コンプレッサーのパラメーターは「RATIO」を強めにして、「ATTACK」、「HOLD」、「RELEASE」を最速、「DRY MIX」を0％にするとポンピングの効果が作りやすい

「EQ」で音質をコントロールする

高域、中域、低域といった各帯域をカット/ブーストすることで、曲中の各パートの聴こえ方を自在にコントロールできるEQ（イコライザー）。ここでは、「MixConsole」や「チャンネル設定」に用意されているEQについて見ていこう。

●EQを設定する手順

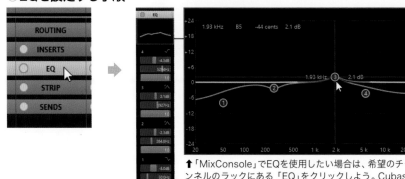

↑「MixConsole」でEQを使用したい場合は、希望のチャンネルのラックにある「EQ」をクリックしよう。CubaseのEQは20Hz〜20kHzの範囲に対応した、最大4バンド仕様のパラメトリックイコライザーだ

NOTE①

フィルタータイプの特徴（IやII は設定のバリエーション違い）

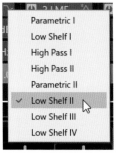

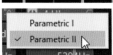

・「Parametric」=設定した周波数をベル型にブースト/カットするタイプ
・「High Shelf」=設定した周波数に対して上の帯域をブースト/カットするタイプ
・「Low Shelf」=設定した周波数に対して下の帯域をブースト/カットするタイプ
・「High Pass」=設定した周波数に対して下の帯域をカットするタイプ
・「Low Pass」=設定した周波数に対して上の帯域をカットするタイプ

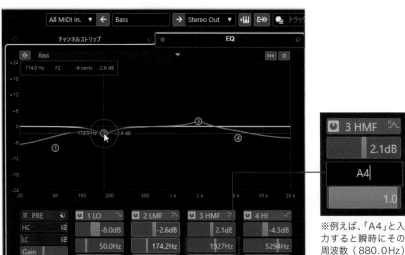

※例えば、「A4」と入力すると瞬時にその周波数（880.0Hz）が表示/設定される

↑「チャンネル設定」内にあるEQは、「MixConsole」に用意されている4バンドEQと同じものだ。「チャンネル設定」ではEQの状況を大きなディスプレイで確認/編集することができ、ディスプレイ上にカーソルを持っていくと、ゲイン、周波数、およびノートピッチに関する値が表示される他、各帯域の周波数を、Hzではなくノートピッチやセント値で入力することもできる

●各帯域のフィルタータイプについて

「EQ」は各帯域ごとにフィルタータイプが選択できるようになっている。フィルタータイプは、「1」〜「4」の文字の右側のプルダウンメニューから指定でき、「1」と「4」は8種類、「2」と「3」には2種類のフィルタータイプが用意されている **NOTE①**

●アナライザーで視覚的にサウンドを解析する

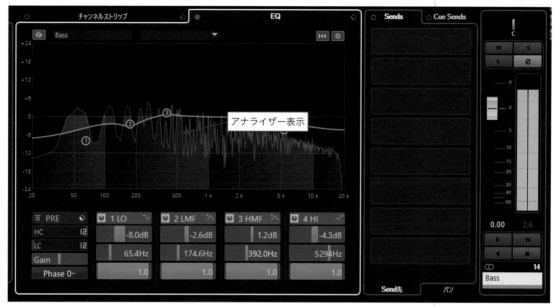

↑「チャンネル設定」のEQは、再生中のサウンドを上画面のように解析（アナライザー表示）できる点も見逃せない。このカーブを参考にしながら、どの帯域をブースト／カットするかを決めていこう。ちなみに、ボーカルに関してはドラムやベースの帯域と被る低域を大胆にカットするエンジニアが多い

POINT 任意のトラックの周波数を見ながらEQ処理をする

CubaseのEQでは「チャンネル比較をオン」にすると、任意のトラックをアナライザーに表示させることができる。ギターとボーカル、ドラムとベースなど、帯域が被りやすいパートの処理をする際はこの機能を活用するといい。

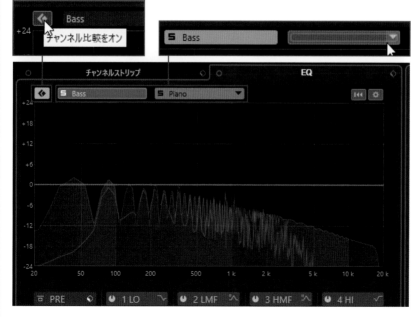

← こちらはベースのトラックで「チャンネル比較をオン」にして、ピアノのトラックを参照してみたところ。曲中で使用されているトラックは、オレンジ色のプルダウンメニューから選ぶことができる

Chapter 5 「STRIP」（チャンネルストリップ）を使う

「チャンネルストリップ」とは、本来大型コンソールの各チャンネルに搭載されている「モジュール（コンプやEQなど）」のことだ。Cubaseでは、ノイズゲート、コンプ、EQ、エンベロープシェイパー、サチュレーション、リミッターなどを音作りに利用することができる。

●チャンネルストリップを設定する手順

↑➡「MixConsole」でチャンネルストリップを設定する場合は、希望のチャンネルのラックにある「STRIP」をクリックしよう。デフォルトでは「Gate」、「Comp」、「EQ」、「Tools」、「Sat」、「Limit」のスロットが表示されており、各スロットをクリックするとモジュールがオンになる仕組みだ。なお「Comp」、「Tools」、「Sat」、「Limit」に関しては、名称の右側にあるプルダウンメニューから希望の別モジュールをさらに選択することができる

NOTE①

「チャンネル設定」でも「Comp」、「Tools」、「Sat」、「Limit」に関しては、名称の右側にある「▼」のプルダウンメニューで別モジュールが選択できる

↑チャンネルストリップは、各トラックの「チャンネル設定」でも同じものが利用できる。「MixConsole」に比べて1画面に大きく表示されるので、モジュールのパラメーター操作などは「チャンネル設定」で行なうといいだろう **NOTE①**

POINT 主要なモジュールのパラメーターについて

「Comp」、「Tools」、「Sat」、「Limit」にはいくつかのタイプが用意されているが、基本的な
パラメーター構成はどれも同じだ。まずはこれらの基本パラメーターについて理解しておこう。

●各モジュールの主な使用目的
・「Gate」：マイク録音時などに混入するノイズを取り除く
・「Comp」：サウンドのレベルを均一化し、聴きやすくする。コンプを通すことで独特の質感を加える効果も期待できる
・「EQ」：特定の周波数をブースト／カットする。他のパートと混ざった時に聴きやすくするのが目的
・「Tools」：歯擦音の除去、サウンドのアタック／リリース感を調整する
・「Sat」：テープやチューブを通したような独特の「飽和感」を生み出す。サウンドにアナログ感を加えることができる
・「Limit」：設定したレベル以上に音が出ないように制御する

●**Noise Gate**

・Threshld＝このスレッショルドで設定し
たレベル以下のオーディオ信号がミュート
されることになる
・Release＝オーディオ信号がスレッショ
ルドを下回ってからゲートが閉じるまでの
時間
・Attack＝オーディオ信号がスレッショル
ドを上回ってからゲートが開くまでの時間
・Freq＝フィルターでカットする周波数
・Q＝カットする周波数の「Q幅」

●**Standard Compressor**

・Threshld＝コンプの効果が動作するレ
ベル。スレッショルドで設定したレベルよ
りも高い信号が処理される
・Ratio＝コンプ効果の強さ（圧縮率）を決
めるセクション。1：1から8：1まで設定可能
・Attack＝コンプの効果が効き始めるまで
の長さ
・Release＝スレッショルドを下回った際
に、コンプ効果が元に戻るまでの長さ
・Makeup＝コンプ効果によって衰退した
ゲインを補うために使う

●**EnvelopeShaper**

・Attack＝信号のアタ
ック部分のゲインを調
整する
・Release＝信号のリ
リース部分のゲインを
調整する
・Length＝アタック部
として扱う長さを設定
する
・Output＝アウトプッ
トレベルを調整する

●**Tape Saturation**

・Drive＝サチュレー
ションの量を調整する
・LF＝低域の周波数レ
ベルを調整する
・HF＝高域の周波数レ
ベルを調整する
・Output＝アウトプッ
トレベルを調整する

●**Brickwall Limiter**

・Threshld＝リミッタ
ーの効果が動作するレ
ベル。スレッショルド
で設定したレベルより
も高い信号が処理さ
れる
・Release＝スレッシ
ョルドを下回った際
に、リミッター効果が
元に戻るまでの長さ

Chapter 5

● モジュールを編集する

↑「Comp」のモジュールに関しては、「e」ボタンを押すと大きな画面でレベルの確認やパラメーターを編集することができる

● モジュールの並び順を変える

↑← チャンネルストリップの各モジュールは、「Strip」に表示されたリストを上下にドラッグするか、モジュールを直接左右にドラッグすることで並び順が変更できる

● モジュールをバイパスする

← チャンネルストリップに読み込んだ各モジュールは、名称の左にある「モジュールをバイパス」ボタンを押すと、一時的に無効にすることができる

POINT 「ストリッププリセット」を活用する手もあり！

P.123の欄外で紹介した「トラックプリセット」同様、チャンネルストリップにもプロエンジニアが作成した「ストリッププリセット」が用意されている。プリセットは「Guitar/Plucked」、「Bass」、「Drum&Perc」、「Musical FX」、「Paino」、「Keybord」、「Synth Lead」、「Synth Pad」、「Vocal」、「Strings」といったカテゴリーで分けられており、検索エリアでキーワードから絞り込むことも可能だ。

← 「チャンネルストリップ」の「プリセットの管理」アイコンをクリックして、プルダウンメニューから「ストリッププリセットを読み込む...」を選択する

➡ プリセットの一覧が表示されるので、カテゴリーや名称などを参考にしながら好みのものを選択しよう

「SENDS」(センドエフェクト)を使う

任意のエフェクトを設定した「FXチャンネル」に信号を送ることで、そのエフェクトの効果が得られるという仕組みの「センドエフェクト」。センドエフェクトを使うと、「センドゲイン」でエフェクトの掛かり具合を調整できる他、同一のエフェクトを複数のトラックから共有できるのもポイントだ。

●センドエフェクトを設定する手順

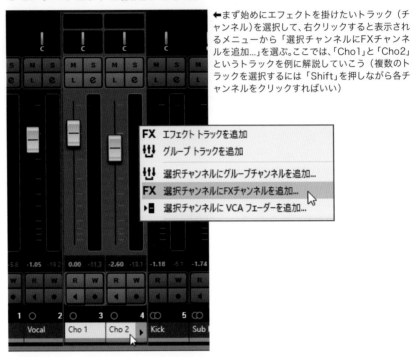

←まず始めにエフェクトを掛けたいトラック(チャンネル)を選択して、右クリックすると表示されるメニューから「選択チャンネルにFXチャンネルを追加...」を選ぶ。ここでは、「Cho1」と「Cho2」というトラックを例に解説していこう(複数のトラックを選択するには「Shift」を押しながら各チャンネルをクリックすればいい)

←「トラックを追加」のダイアログが表示されたら、使用したいエフェクトを「エフェクト」のプルダウンメニューから選択する。ここでは、「Delay」→「Stereo Delay」をチョイスしてみた

← 「トラックを追加」ボタンを押すと、「MixConsole」に「Stereo Delay」が設定された「FXチャンネル（紫のフェーダー）」が作成される

NOTE ①

チャンネル設定の「Sends」でも「センドゲイン（FXチャンネルへの信号の送り量）」を調整することができる

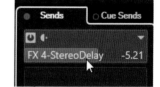

➡ 「SENDS」に表示された「センドゲイン（信号の送り量）」を調整することで、「Stereo Delay」の掛かり具合がコントロールできる NOTE ①

「オートメーション」機能を使う

5

Cubaseでは「オートメーション」機能を利用することで、フェーダーや定位、設定したエフェクトのパラメーターの動きなどを記録し、自動化することができる。ここでは「MixConsole」でのフェーダー操作を例にオートメーションの使い方を解説していこう。

●オートメーションを設定する手順

← まずは動きを記録したいトラックの「W（オートメーション書込）」ボタンをクリックして赤く点灯させよう。「W」ボタンが有効（赤く点灯）になると、画面のように「R（オートメーション読込）」ボタンも同時に緑色に点灯する

← 準備ができたら曲を再生してフェーダーやパラメーターを操作してみよう。ここでは、曲に合わせてボーカルのフェーダーを調整してみた

NOTE①

オートメーションでは、フェーダーの動きだけではなく、定位やEQ、エフェクトのパラメーターの操作、ミュート/ソロ・ボタンなどのON/OFF操作も記録することが可能だ。それぞれのパラメーターを1つずつ順番に記録していったり、複数のパラメーターをまとめて記録することもできる

NOTE②

「W（オートメーション書込）」ボタンを押して記録したオートメーション操作は、「R（オートメーション読込）」ボタンが有効になっていると再現できる仕組みになっている。オートメーションを再現する必要のない時は「R」ボタンをオフにすればいい

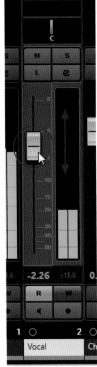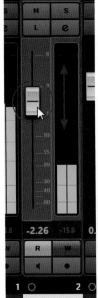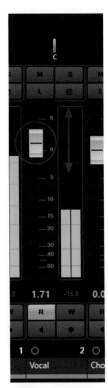

↑ 動きを記録し終わったら、曲を停止して「W」ボタンをオフにする

↑ 楽曲を再生すると、先ほど操作した通りにボーカルのフェーダーが自動的に上下に動くようになる NOTE① NOTE②

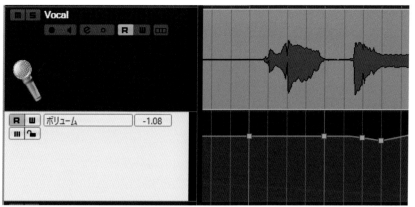

NOTE 3

表示された「オートメーショ
ントラック」は、トラック左下
の「オートメーションを表示
／隠す」ボタンで開閉するこ
とができる

↑オートメーションが設定されると、画面のようにトラック下の「オートメーショントラック」にオートメーションの内容が表示される。ライン上のドットをマウスでドラッグすれば、オートメーションの設定を後から修正することも可能だ　NOTE 3

POINT　便利な「オートメーションパネル」を活用しよう！

「オートメーションパネル」を利用すると、一時的にオートメーション前の状態と聴き比べたり、「音量」、「定位」、「インサートエフェクト」といった任意の「オートメーショントラック」のみをプロジェクトに表示するといったことが行なえる。オートメーションを設定する際は、ぜひとも「オートメーションパネル」も活用しよう。

↑こちらは「オートメーションパネル」の「Suspend Read（一時的に「オートメーション読込」を止める）」にある「Volume」をクリックしてみた状態だ。こうすることで、一時的にオートメーションを設定する前の状態（音量）でパートを聴くことができる

●エフェクトのパラメーターの動きをオートメーション化する方法

↑エフェクトのパラメーターの動き
をオートメーション化したい場合は、
パラメーター上を右クリックすると表
示される「オートメーショントラック
を表示」を活用しよう。画面は「Beat」
というリズムトラックの「Inserts（イ
ンサートエフェクト）」にかけた
「DualFilter」の「POSITION」を右ク
リックして、メニューから「"Pos"オ
ートメーションラックを表示」を選択
してみた状態だ

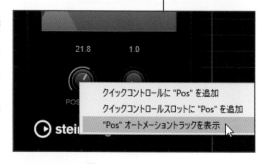

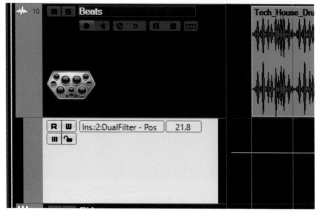

←すると、「Beat」の下
に「POSTION」の動き
を記録するためのオート
メーショントラック
が表示される

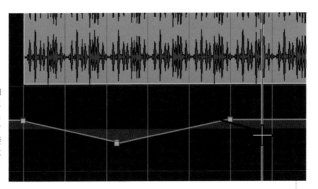

↑→パラメーターの動きは楽曲を再生しながらリアルタイムに入力することもできるが、「鉛筆」ツールや「ライン」ツールで、オートメーショントラックに直接書き込むことも可能だ（画面は「ライン」ツールを使ってツマミの動きを設定してみたところ）

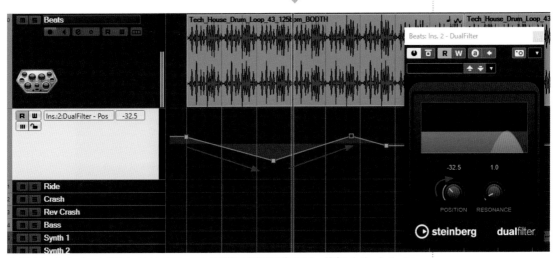

↑「R（オートメーション読込）」がオンになっている状態で楽曲を再生すると、設定したオートメーションに合わせてエフェクトのパラメーターが動く

POINT **3種類のオートメーションモードについて**

Cubaseにはオートメーションを設定（上書き）する際に3つのモードが用意されている。ここでは、その3つのモードの特徴についても触れておこう。

● **操作中だけ記録される「タッチ」**

デフォルトで選択されている「タッチ」モードは、再生中にパラメーターを操作した時点から記録が始まり、その動きを止めた時点で記録が終了する。つまり、フェーダーなどを操作している間だけ、その変化を記録できるモードだ

● **停止するまで記録を続ける「オートラッチ」**

パラメーターの記録を始めるタイミングは操作を開始した時点だが、動きを止めるとその時の値を維持したまま記録が継続され、プロジェクトの再生を止めた時点で記録が終了するというモード。途中で一定の値をキープするような操作を含むオートメーションを記録したい場合は、このモードに切り替えるといいだろう

● **既存の値と一致したときに記録を止める「クロスオーバー」**

「クロスオーバー」モードは、記録を始めるタイミングと操作を止めても記録が継続する点では「オートラッチ」と一緒だが、記録を終了する条件が異なっている。終了の条件は、操作中のパラメーターの値が記録されているオートメーションの値と一致した時というものだ

Chapter 5 マスタートラックで音圧をアップさせる

プロのエンジニアの中には、各チャンネルはもちろん、マスタートラックにもリミッターやEQをかけて音圧や音質を調整している人が多い。ここでは、音圧調整に最適なプラグイン「Maximizer」を例に、マスタートラックにおけるエフェクト処理の基本を解説していこう。

●楽曲全体の音圧を上げる方法

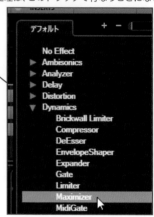

←赤色のフェーダーが特徴の「マスタートラック（Stereo Out）」は、「MixConsole」の一番右端に表示されている。楽曲全体のレベル調整やエフェクト処理は、このトラックで行なうことになる

➡「INSERTS」の空きスロットをクリックして、メニューの中から「Dynamics」→「Maximizer」を選択して、「Maximizer」を起動しよう

↑曲を再生しながら「OPTIMIZE」で音圧を調整していく。なお、「Maximizer」には、様々な音楽ジャンルに合わせたプリセットも用意されている。各プリセットを読み込んで活用する手もありだ NOTE① NOTE②

NOTE①

「Maximizer」には音圧アップのタイプとして「CLASSIC」と「MODERN」が用意されている。「CLASSIC」に比べると「MODERN」の方が勢いが強く、EDM系の楽曲などには「MODERN」がオススメだ

NOTE②

ここでは「Maximizer」を例に解説しているが、「Multiband Compressor」や「Brickwall Limiter」などを活用してもいい

POINT 自分のリファレンスとなる音源をレベルメーターでチェックしてみよう！

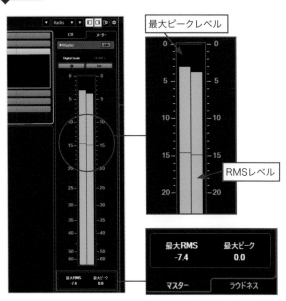

最大ピークレベル

RMSレベル

プロジェクトの「右ゾーン」を有効にすると、楽曲の音量を視覚的に判断するためのレベルメーターが使用できる。マスタートラックで音量を確認する際は、このレベルメーターを使って事前に自分が好きなアーティストの楽曲（音量レベル）をチェックしておくといいだろう。レベルメーターには、瞬間的な音量レベルを意味する「最大ピーク（緑のメーター）」と、ある区間の平均的な音量レベルを意味する「RMS（水色のレベルメーター）」が同時に表示されるが、人間の聴感上の音圧は「RMS」を参考にするといい。

2ミックスをオーディオファイルに書き出す

Cubaseでは、「ファイル」メニューの「書き出し」から楽曲の2ミックスや各トラックをオーディオファイルとして書き出すことができる。新バージョン11からは任意の書き出し作業を「キューに追加」することで、複数の操作をまとめて実行できるのもポイントだ。

※「キューに追加」は、Cubase Proのみで使用できる機能です。

●楽曲をオーディオファイルとして書き出す手順

↑まず始めに、オーディオファイルとして書き出したい範囲をプロジェクト上段の「L（左）」と「R（右）」ロケーターで設定する（ここでは1小節目から65小節目をドラッグして設定）

NOTE ①

曲の最後の音にディレイやエコー、リバーブを掛けている場合、「R（右）」ロケーターを最後のイベントの終端に揃えてしまうと、オーディオファイルとして書き出した時に残響音が途切れてしまうことがある。これを防ぐには、残響音が鳴り終わる位置までロケーターをズラしてやるといい

↑「左」ロケーター（開始位置）と「右」ロケーター（終了位置）はトランスポートの「L」と「R」でも設定できる。各項目をダブルクリックして小節や拍などを入力してやろう **NOTE ①**

←オーディオファイルとして書き出す範囲が設定できたら、「ファイル」メニューから「書き出し」→「オーディオミックスダウン」を選択する

NOTE②

ここでは例として、Windowsの標準的な音声フォーマット「Wave」を選択しているが、Cubase 11ではMacの標準的な音声フォーマット「AIFF」や24ビット/96kHzのハイレゾフォーマットに適した「FLAC」、YouTubeなどのネット配信に最適なMP3といった様々な音声ファイルへの書き出しに対応している

↑「オーディオミックスダウン書き出し」では、左側でチャンネルの選択や範囲の指定、右側で書き出すオーディオファイルの名前や書き出し場所を決めることになる。ここでは、左右のロケーターで決めた範囲の2ミックスを1つ書き出したいので、【チャンネルの選択】は「単一」、Output Channelsの「Stereo Out」にチェックを入れて、【範囲の書き出し】は「ロケーター」を選択しよう。また、右側の【ファイルの場所】では名前を「MM Song」、保存先をデスクトップ、ファイル形式は「Wave」ファイル、サンプリングレート/ビット数を「44.1kHz／16Bit」にしてみた　NOTE②

←各設定が済んだら「オーディオの書き出しを実行」をクリックする

↑すると、指定した場所（ここではデスクトップ）にオーディオファイルが書き出される

●「キューに追加」を利用して、複数の書き出しを一括で行なう方法

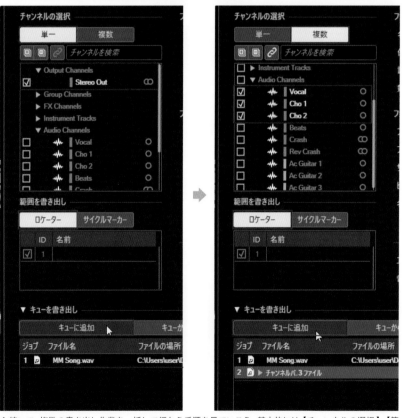

↑続いて、複数の書き出し作業を一括して行なう手順を見ていこう。基本的には【チャンネルの選択】、【範囲を書き出し】で範囲をして、ファイル名などを確認後「キューに追加」ボタンを押していけばいい。上画面左は前ページ同様、ロケーターで指定した楽曲全体（1小節から65小節）の2ミックスを書き出す操作、画面右は【チャンネルの選択】を「複数」にして、Vocal、Cho1、Cho2の3つのトラックをロケーターの範囲で書き出す操作をキューに追加してみた状態だ

サイクルマーカーで決めた範囲

↑【範囲を書き出し】で「サイクルマーカー」を選択すると、マーカートラックで作成したサイクルマーカーを書き出し範囲に指定することができる（サイクルマーカーの設定方法はP.169参照）。上画面はサイクルマーカーの「ID＝1」（21小節から29小節まで）にチェックを入れて、インストゥルメントトラックのPiano、Kickの2つのトラックをキューに追加してみたところだ

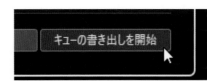

←書き出したい内容がキューリストに登録できたら画面右下の「キューの書き出しを開始」をクリックする

↑➡すると、それぞれの書き出しが順番に実行されていき、自動的にいくつものオーディオファイルが生成される

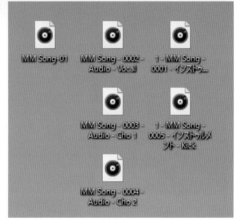

POINT 書き出し後の処理について

　「オーディオミックスダウン書き出し」の「書き出し後の処理」では、オーディオファイルを書き出した後の操作も設定できる。プルダウンメニューには「何もしない」、「新規プロジェクトを作成」、「オーディオトラックを作成」、「プールに挿入」の4つの選択肢が用意されている。

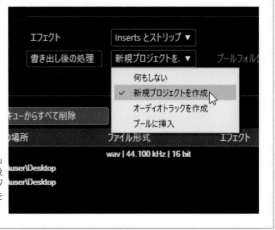

➡「書き出し後の処理」で「新規プロジェクトを作成」を選択した場合、オーディオファイルを書き出した後に、そのオーディオファイルのみを使った新規プロジェクトが起動する。この設定は任意のトラックのみを使って楽曲をアレンジし直したい時などにオススメだ

曲作りに役立つ便利な機能

Chapter 6

「コードトラック」を活用する
その❶ コード進行の表示/設定方法

コード進行から曲作りを始める際に便利なのが「コードトラック」だ。コードトラックでは、設定したコード進行を任意の音源ですぐに試すことができ、しかもMIDIデータに変換することも可能だ。ここでは、「コードトラック」の基本的な使い方から解説していこう。

NOTE❶

「コードトラック」はP.19で紹介している「トラックを追加」のダイアログのその他のトラックタイプからも作成することができる

↑➡まず始めに「プロジェクト」→「トラックを追加」のメニュー、または右クリックメニューから「コードトラックを追加」をクリックする **NOTE❶**

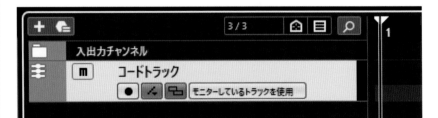

↑すると、画面のように「コードトラック」が作成(表示)される

NOTE❷

小節内でコードを切り替えたい場合は、「グリッドの間隔」を「クオンタイズ値を利用」にして、希望の間隔を「クオンタイズプリセット」から選べばいい

←次に、コードを設定する間隔を「グリッドの間隔」で指定しよう。今回は1小節ずつコードを切り替えたいので、「スナップ」をオン(点灯)にして「グリッドの間隔」を「小節」にしている **NOTE❷**

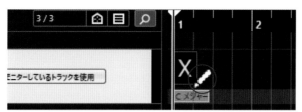

↑続いて、「鉛筆」ツールを選択して希望の位置でクリックしよう（ここでは1小節目の頭をクリックしてみた）。すると、まだコードが設定されていない「X」というコードイベントが作成される

↑同様に、4小節分の「X」を設定しておこう

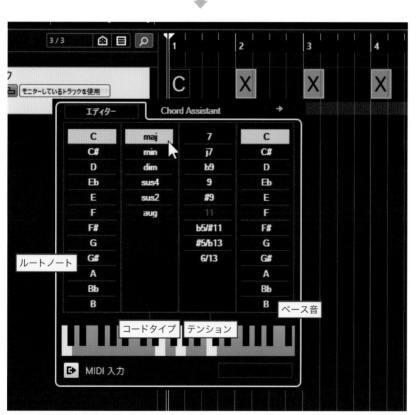

↑「X」と書かれた部分を「オブジェクトの選択」ツールでダブルクリックすると、コードを入力するためのダイアログが表示される。ダイアログに用意されている「エディター」を選択すると、左から順に「ルートノート」「コードタイプ」「テンション」「ベース音」が選べるようになっており、クリックするだけで希望のコードが設定可能だ。ここでは、「C（メジャー）」を選択してみた NOTE③ NOTE④

NOTE③

エディターの左下にある「MIDI入力」が有効になっていると、キーボードで押えたコードを自動的に選択することができる

NOTE④

ダイアログには、「Chord Assistant（コードアシスタント）」のタブも用意されている。詳しくはP.152を参照

NOTE 5

作成したコードイベントは、
パソコンの左右の矢印キーで
選択箇所が切り替えられる。
P.149で紹介しているよう
に、あらかじめプレビュー用
の音源を設定している場合
は、矢印キーを押してコード
進行を確認する手もありだ

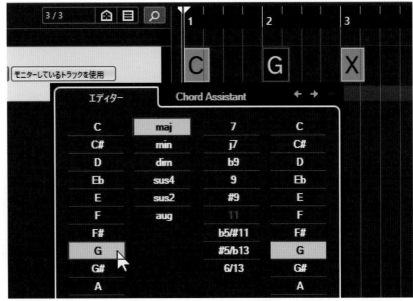

↑次に2小節目の「X」をクリックして、先ほどと同様にコードを設定してやろう。ここではルート音
で「G」をクリックする。ここでもコードタイプとベース音が自動的に設定される **NOTE 5**

NOTE 6

コードイベントに表示される
コードネームの表記は「編
集」メニューの「環境設定…」
→「イベントの表示」→「コ
ード&ピッチ」で変更できる。
例えば、マイナーを「min」か
ら「m」という表示に変更す
ることも可能だ

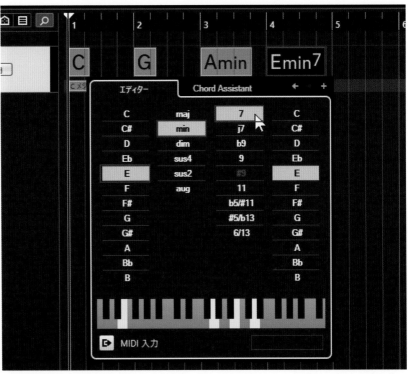

↑同様の手順で、3小節目の「Am」と4小節目の「Em7」も設定していこう。「Am」はルート音で「A」
をクリックした後、コードタイプで「min（マイナー）」をクリック、「Em7」はルート音で「E」をクリ
ックし、コードタイプで「min」をクリックしてから、テンションで「7」をクリックすればいい **NOTE 6**

Chapter 6

「コードトラック」を活用する
その❷ コード進行を音源で鳴らす

前述した通り、「コードトラック」で設定したコード進行は、任意の音源で簡単に鳴らすことができる。しかも「コードトラック」では、ピアノ、ギターといったコードのボイシングも選べるので、鍵盤／弦楽器の和音の響きもしっかりとシミュレーション可能だ。

● ピアノのボイシングでコードを鳴らす

← まずは、コードを鳴らすために音源を起動させよう。ここでは様々な楽器の音が鳴らせる「HALion Sonic SE」を選択してみた

インストゥルメント　HALion Sonic SE ▼

↑「HALion Sonic SE」が起動したら「プログラム名」の部分をクリックして、プリセットの検索「ブラウザ」から音色を選択する。今回は、ピアノのボイシングでコードを鳴らすために、ピアノのカテゴリーから「[GM 001] Acoustic Grand Piano」をチョイスしてみよう

NOTE ①

「オーディショントラックを
選択」は、デフォルトでは「モ
ニターしているトラックを使
用」が選択されている。これ
は、文字通り選択したトラッ
クでコードを鳴らすことを意
味している

↑続いて、コードトラックの「オーディショントラックを選択」のプルダウンメニューからコードを鳴ら
すための音源（トラック）を選択する。ここでは先ほど起動した「HALion Sonic SE」を意味する
「HALion Sonic SE 01」を選ぼう **NOTE ①**

NOTE ②

「コードトラック」のボイシン
グ（和音構成）は、デフォルト
では「ピアノ」が設定されて
いる。「ギター」のボイシング
方法は次ページ以降で紹介し
ているので、そちらを参照の
こと

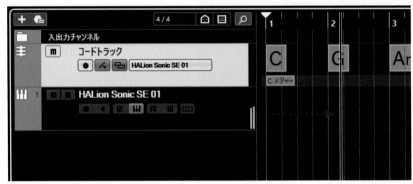

↑準備ができたら「再生」ボタンをクリックしよう。「C」→「G」→「Am」→「Em7」の順番で、ピア
ノのボイシングでコードが再生される **NOTE ②**

POINT 「コードトラック」のコードをMIDIデータに変換する方法

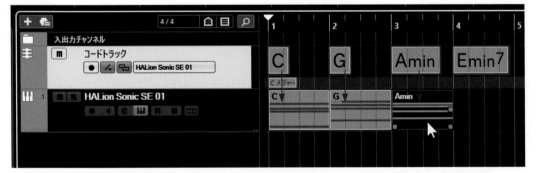

↑上は「C」、「G」、「Amin」と書かれたコード進行を「HALion Sonic SE」のトラックにドラッグ＆ドロップしたところ。
このようにコードトラックで作成したコード進行は、ドラッグ＆ドロップで簡単にMIDIデータ化することができる

● ギターのボイシングでコードを鳴らす

↑今度は、「HALion Sonic SE」にギターの音色を読み込んで、ギターのボイシングでコードを鳴らしてみよう。先ほどのピアノと同じ手順で「HALion Sonic SE」の音色プリセット「ブラウザ」を表示させ、ここでは「Category」に「Guitar/Plucked」、「Sub Category」で「A.Guitar」、「検索結果」から「Bright Steel Guitar」を選択してみた

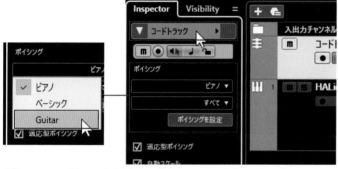

↑続いて、コードトラックを選択した状態でインスペクターにある「コードトラック」をクリックする。「ボイシング」が表示されたら、ボイシングライブラリーの下向きの三角ボタンをクリックして、メニューから「Guitar（ギター）」を選択しよう **NOTE 3**

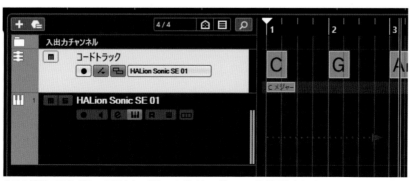

↑この状態で再生ボタンを押すと、ギターのボイシングでコードが再生される

NOTE 3

ギターのボイシングには「トライアドと4声コード」や「3弦トライアド」「Modern Jazz」などが用意されている。色々と試して鳴りを確認してみよう

「コードトラック」を活用する
その❸ コードアシスタント機能を使う

コード入力用の画面には、コード間の流れを判断して適切なコードを提示してくれる「Chord Assistant（コードアシスタント）」機能が用意されている。ここでは、コードアシスタントで利用できる「リスト」、「近接」、「五度圏」の3種類のモードを順番に見ていこう。 **NOTE❶**

NOTE❶

「近接」や「五度圏」はP.160で紹介している「コードパッド」を使ったコードの入力時にも利用することができる

↑こちらは「C」→「Dmin」→「G」というコード進行を入力したところ。「Dmin」→「G」の間に、何か別のコードを「コードアシスタント」を使って設定してみよう。「Dmin」→「G」の間に「鉛筆」ツールで「X」を入力し、「オブジェクトの選択」ツールに切り替えて「X」をダブルクリックする

●「リスト」を活用する方法

NOTE❷

表示されるコードの候補は「コード提示レベル」によって決まる。「コード提示レベル」の数値を増やすほど、より複雑なコードが表示される仕組みになっている

↑ダイアログが表示されたら、「Chord Assistant」のタブをクリックし、下段のタブを「リスト」に切り替える。すると、「Dmin」→「G」に間に入るコードの候補が文字通り、リスト表示される **NOTE❷**

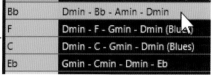

↑←表示された候補の中から希望のコードをクリックすると、コードが設定できる。なお、「HALion Sonic SE」などの音源を設定しておけば、選んだコードをその場で試聴することも可能だ。ここでは、「終止形」のモードにある「B♭」を選択してみた

Chapter

6

POINT 「リスト」に用意されている「終止形」と「共通音」のモードについて

　コードアシスタントの「リスト」では、ダイアログの下段にある「終止形」と「共通音」をクリックすることで、表示するコードをさらに絞り込むことができる。フレーズの流れを完結したい場合は「終止形」、流れを維持したい場合は「共通音」を選ぶといいだろう。

↑→モードに「終止形」を選んだ場合、「タイプ」のプルダウンメニューで「全終止」や「半終止」など、さらに細かな絞り込みも行なえる

←モードに「共通音」を選択すると、「共通音が2つのコード」などがリストアップされる

NOTE 3

「近接」は、ハーモニー理論に基づき、起点となるコードと関連するコードを同心円状に表示させたモードだ。ウィンドウの下中央のリファレンスコードから周辺のコードへの距離や色で、コードの遠近や進行の複雑さを比較できる

●「近接」を活用する方法

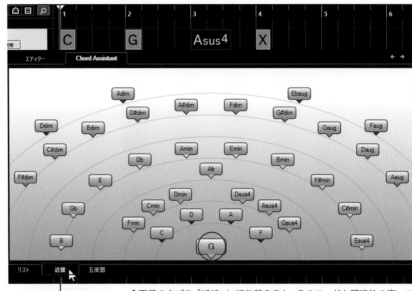

↑下段のタブを「近接」に切り替えると、そのコードと関連性の高いコードが上画面のように表示される。「五度圏」とは違い、「sus4」や「aug」、「dim」なども表示/設定しやすいのが特徴だ NOTE 3

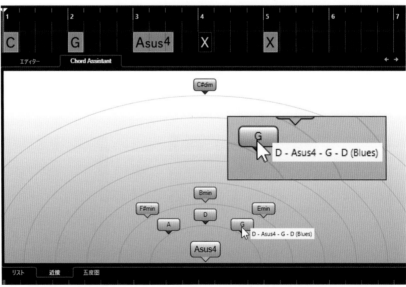

↑近接の場合、上画面のようにコードが絞り込まれた状態で表示されるのもポイントだ（上はAsus4の次のコードを提示しているところ）。また、コード名の部分にマウスカーソルを合わせると、そのコードに適したコード進行も表示される

●「五度圏」を活用する方法

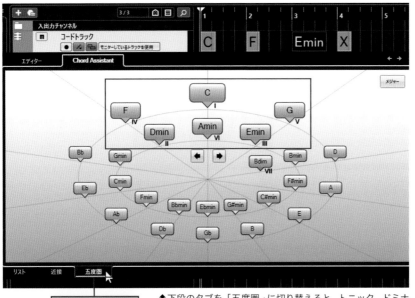

↑下段のタブを「五度圏」に切り替えると、トニック、ドミナント、サブドミナントといったダイアトニックコードが表示される。「近接」とは異なり、I〜VIIという基本コードを中心に選びたい人にオススメだ **NOTE 4** **NOTE 5**

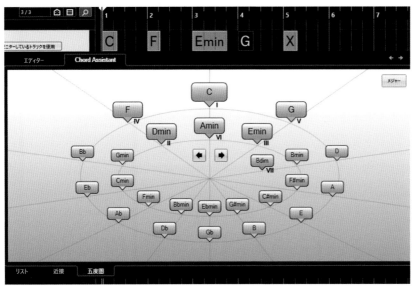

↑「近接」と同じく、「コード名」をクリックするとコードを設定することができる。別のコードを試したい時は、そのまま希望のコードをクリックすればいい。自動的に選択したコードに入れ代わる **NOTE 6**

NOTE 3

「I」、「II」、「V」といった数字はディグリーネームと呼ばれ、起点となるキーごとに7つ用意されている（この7つをダイアトニックコードと呼ぶ）。ここでは詳しい説明は割愛するが、ダイアトニックコードは、「I」、「III」、「VI」を「トニック」、「II」、「IV」を「サブドミナント」、「V」、「VII」を「ドミナント」と分類分けすることができ、大まかに下記のような特徴がある

・「トニック」＝最初や終わりに使われることが多い。曲に安定感を与えるコードで、トニックからはトニック、ドミナント、サブドミナントと、どこへでも進行しやすい

・「サブドミナント」＝トニックとドミナントの中間的な響きを持つコード。トニック、ドミナントへ進行できる

・「ドミナント」＝不安定な感じを持つコード。不安定であるために、安定した響きを持つトニックに移行したくなる傾向がある

NOTE 5

起点となるトニック（I）のコードは左右の矢印ボタンを押すと変更することができる

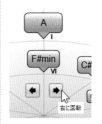

NOTE 6

五度圏におけるディグリーネームは、画面右上の「メジャー／マイナー」のボタンで、メジャースケール用とマイナースケール用を切り替えることができる

コードで使えるスケール（音程）は、「スケールイベント」で確認すると便利！

　コードトラックの下に表示される「スケール」をクリックすると、設定したコードで使用可能な音階を表示することができる。このスケールは初期設定ではコードトラックに対して自動的に表示される仕組みになっているが、Inspectorの「自動スケール」をオフにすると、任意のスケールに切り替えて表示することも可能だ。民族音楽などの独特なスケールも用意されているので、ちょっと変わった音階を試してみたい人はぜひともチェックを。

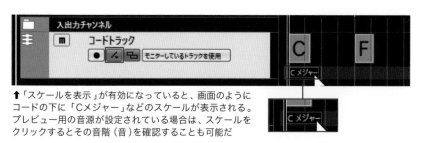

↑「スケールを表示」が有効になっていると、画面のようにコードの下に「Cメジャー」などのスケールが表示される。プレビュー用の音源が設定されている場合は、スケールをクリックするとその音階（音）を確認することも可能だ

←↑別のスケールを試したい場合は、コードトラックの「自動スケール」のチェックを外した状態でスケールをダブルクリックし、表示されたスケールのルートキーやスケールのタイプを変更すればいい

➡スケールのタイプには、「アラビア風」や「日本風」など、普段あまり知られていないユニークなタイプも用意されている

Chapter 6
「コードトラック」を活用する
その❹ バックトラックを素早く作る

コードトラックはコードを表示するだけではなく、バックトラックを素早く作成する際にも活用できる。特に「ライブ入力」や「コードトラックに追従」の機能を利用すると、誰でも簡単にコード進行に沿ったMIDIデータの入力が行なえる。

● キーボードを押えたタイミングでコード（MIDIデータ）を入力する

↑まずは、コードトラックにコードを設定しておこう。ここでは、「Gm」→「C」→「Bbm」→「F」という進行を作成してみた

↑➡続いて、バックトラック用の音源を用意して、希望の音色を読み込んでおこう。上の例では「HALion Sonic SE」に「[GM 003] Electric Grand Piano」というピアノの音を読み込んでみた

NOTE①
左右の手を使ったインターバルのあるボイシングには「ピアノ」、ギターの弦の配列によるボイシングにしたい場合は「Guitar（ギター）」を選択すればいい

⬆次に「コードトラック」を選択してコードを演奏する際のボイシングを設定しておこう。ここでは、もっとも和音構成がシンプルな「ベーシック」をチョイスしてみた **NOTE①**

NOTE②
「ライブ入力」の項目には、和音で演奏した内容をコードトラックに沿って自動的に入力する「コード」、単音弾きした演奏を使用可能な音階のみ抽出して入力する「スケール」、その2つを組み合わせた「スケール＋コード」が用意されている

➡今度は「HALion Sonic SE」のトラックを選択して、トラックインスペクターにある「コードトラック」の「ライブ入力」のモードを「コード」にしておく **NOTE②**

⬅準備ができたらトランスポートの「録音」ボタンを押して、MIDIキーボードを演奏してみよう

⬆すると、画面のように鍵盤を押したタイミングで自動的にコードがレコーディングされていく。なお、どのキーを和音で押してもコードに沿ったものしか入力されないので、うまく弾けない人でも失敗せずにコードの入力が行なえるはずだ

POINT 「コードトラックに追従」機能で、入力したフレーズを後からコードに合わせる！

インストゥルメントトラックやMIDIトラックに入力したフレーズは、インスペクターの「コードトラックに追従」を選択すると、後から指定したコードに追従させることができる。ここでは追従モードの中から「ルートノート」を選択し、コードに沿ったベースを素早く作成する方法を紹介していこう。 **NOTE③**

↑こちらは、「HALion Sonic SE」にベースの音色を読み込み、音程は気にせずに指一本でリアルタイムにフレーズを入力してみた状態だ（前ページで紹介した「ライブ入力」は「オフ」の状態で録音しています）

↑「HALion Sonic SE」のトラックを選択して、「コードトラックに追従」のモードに「ルートノート」を選択する

←「コードトラックに追従」ダイアログが表示されるので、「トラックデータを最初にコードトラックとシンクロする」を選択する（今回の例題曲がFメジャーのスケールなので、「一般的なコードを適用」のFmajをチョイスしてみた）

ベースの音が自動的にコード進行のルートに揃う

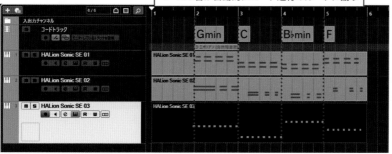

↑すると、ベースの音程が「Gmin」＝ソ、「C」＝ド、「Bbmin」＝シのフラット、「F」＝ファといったようにコードのルート音へと自動的に変換される

NOTE③

「コードトラックに追従」のモードを選ぶ際に、「直接追従」か「トラックデータを最初にコードトラックとシンクロする」というダイアログが表示される。コードトラックに基づいたデータを作成している場合は「直接追従」、コードトラックの情報からトラックのデータを書き直したり、合わない音を修正したりする場合には「トラックデータを最初にコードトラックとシンクロする」にチェックを入れよう

Chapter 6

「コードパッド」を活用して
コード進行&バックトラックを作成する

表示されたコード名をクリック（またはMIDIキーボードで演奏）することで、感覚的にコード進行を考えることができる「コードパッド」。ここでは、「コードパッド」へのコードのアサイン方法と、コードパッドを利用したバックトラックの作り方を解説していこう。

↑←こちらは、インストゥルメントトラックに「HALion Sonic SE」を起動して、ピアノの音色を読み込んだ状態だ

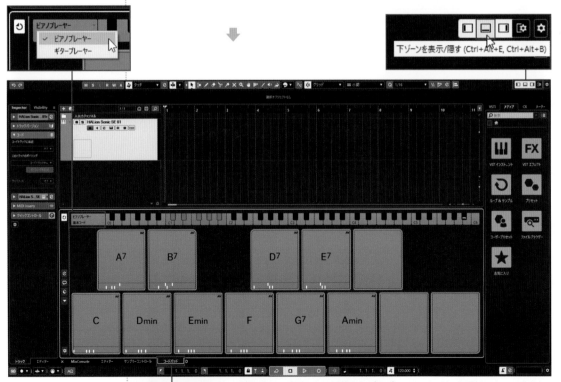

コードパッド

↑下ゾーンが開いたら下部のタブで「コードパッド」を選択しよう。すると、画面のようにコードパッドが表示されるので、左上のプレーヤーモードから音色に合わせたプレーヤーを選択する。今回はピアノの音色を読み込んでいるので、ピアノプレーヤーをチョイスしてみた

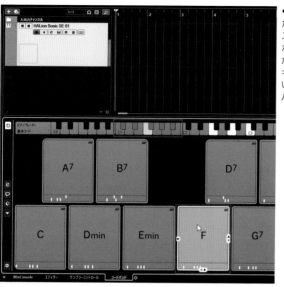

←「コードパッド」に表示されたコード（コード名）は、マウスでクリックするかMIDIキーボード（鍵盤）を押せると、音が確認できる（初期設定では、キーボードの青く表示されているC1〜B1の範囲にコードパッドが割り当てられている）

● プリセットを使って「コードパッド」にコードをアサインする

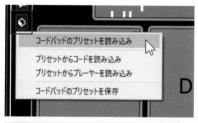

←自分の希望するコードをパッドにアサインする方法はいくつかあるのだが、まずはプリセットを活用する方法だ。「コードトラック」の左に並ぶメニューの中から「コードパッドのプリセット」→「コードパッドのプリセットを読み込み」をクリックする

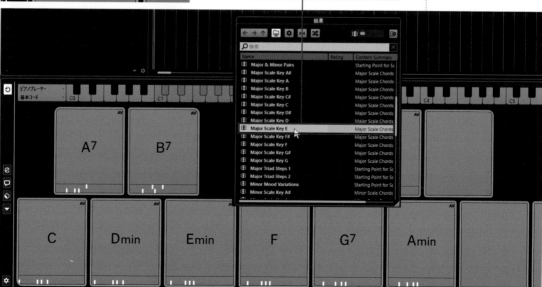

↑プリセットには、各種メジャースケールやマイナースケール、ロック向き、ハウス向きなどが用意されている。ここでは、Eメジャースケールの楽曲を作ることを前提に「Major Scale Key E」を選択してみた。プリセットが選択されると、「コードパッド」上に自動的にコードが読み込まれる

NOTE①

「コードパッド」に登録したコードは、ドラッグ＆ドロップでパッド間を自由に移動させることができる。また、設定したコードは右クリックメニューの「パッドの割り当てを解除」でブランク状態に戻すことも可能だ

●「コードパッド」のコードを変更する

←コードパッドの左にある「Open Editor」をクリックすると、「コードエディター」が表示され、希望のコードに変更することができる **NOTE①**

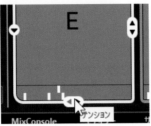

↑コードパッドの下にある「テンション」の矢印をクリックすると、そのコードのテンションコードを設定することができる

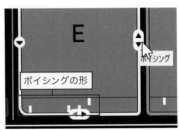

↑コードパッドの右にある「ボイシング」の矢印をクリックすると、コードのボイシングを変更することも可能だ。ボイシングの形はコードパッド下に切り替わりながら表示される

●「Chord Assistant（コードアシスタント）」を利用する

↑続いて、「Chord Assistant（コードアシスタント）」を活用する方法を見ていこう。「コードパッド」の「Chord Assistantを表示」を有効にすると、コードアシスタントが表示される

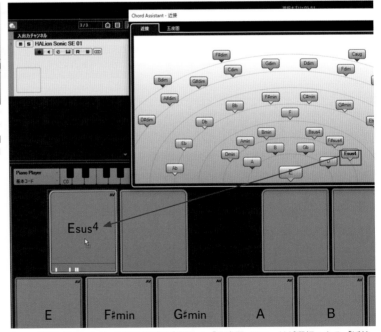

↑コードアシスタントは、上部のタブで「近接」と「五度圏」のモードが選択できる。「近接」の場合、「sus4」や「aug」、「dim」といったコードも選べるのが特徴だ。コード名をパッドにドラッグするとアサインできる

●「コードパッド」全体を移調する方法

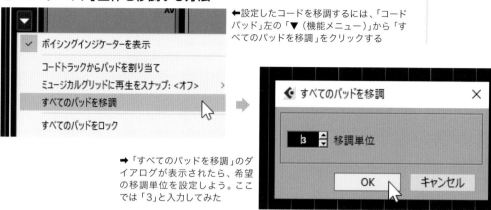

← 設定したコードを移調するには、「コードパッド」左の「▼ (機能メニュー)」から「すべてのパッドを移調」をクリックする

→「すべてのパッドを移調」のダイアログが表示されたら、希望の移調単位を設定しよう。ここでは「3」と入力してみた

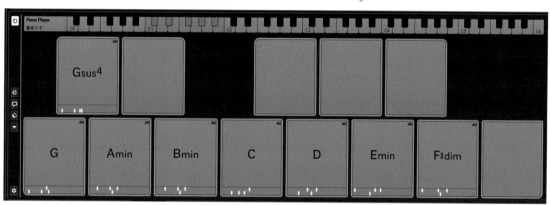

↑ すると、起点が「E」から始まるEメジャーのコードを「G」から始まるGメジャーのコードへと移調することができる

POINT **MIDIキーボードで「コードパッド」を操作する際の各種設定について**

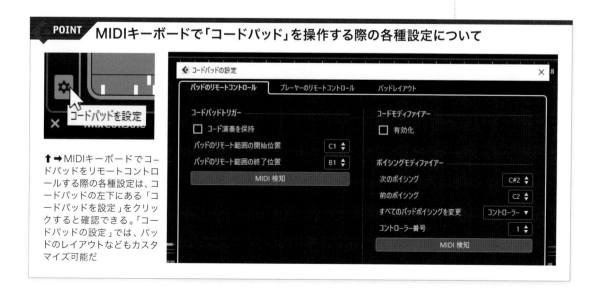

↑→MIDIキーボードでコードパッドをリモートコントロールする際の各種設定は、コードパッドの左下にある「コードパッドを設定」をクリックすると確認できる。「コードパッドの設定」では、パッドのレイアウトなどもカスタマイズ可能だ

NOTE②

コードパッドの左にある「機
能メニュー」の「ミュージカ
ルグリッドに再生をスナッ
プ」を有効にすると、曲を再生
しながらコードパッドを押え
た時に指定した音符のタイミ
ングでコードが発音される。
録音前にドラムやベースとい
ったバックトラックに合わせ
てコードを試し弾きする際に
活用すると便利だ

機能メニュー

● 「コードパッド」を使ってバックトラックを作る

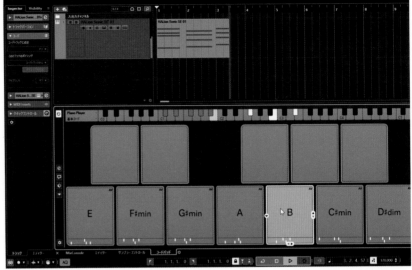

↑コードパッドを使った演奏は、通常のインストゥルメントと同じようにプロジェクトに録音するこ
とができる。この時、P.82で紹介している「オートクオンタイズ」を有効にしておくと、1小節や2分
音符といったジャストなタイミングでMIDIデータ（コード）を録音することも可能だ NOTE②

● 録音したコード（MIDIデータ）から「コードトラック」を作る方法

↑録音したMIDIイベントを「キーエディター」で開き、任意のMIDIノート（ここでは、Aのコードの
MIDIデータを選択）を選択後、「選択ノートのコードをコードトラックに追加」をクリックする

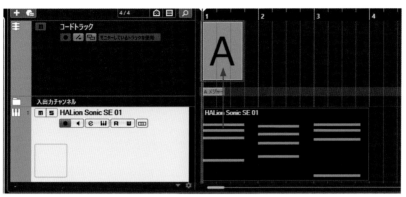

↑すると、自動的に「コードトラック」にコードが設定される

POINT 「コードパッド」で演奏したコード進行は、「コードトラック」に直接記録することもできる！

「コードパッド」で演奏した内容は、リアルタイムにコードトラックに記録していくこともできる。

また、下の画面のようにコードパッドをアサインしているインストゥルメントトラック (MIDI) と
コードトラックを同時に録音していくことも可能だ。

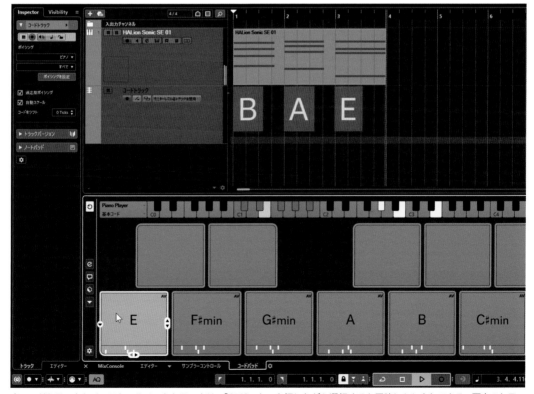

↑コードトラックとインストゥルメントトラックは、「Shift」キーを押しながら選択すると同時にセレクトできる。両方のトラックの「録音可能」ボタンをオンにした状態で、レコーディングを開始しよう

Chapter 6

「アレンジャートラック」を活用して
曲のアレンジを練る

「コードトラック」や「コードパッド」の使い方に続いて、楽曲の構成やアレンジを練る際に便利な「アレンジャートラック」を紹介しよう。「アレンジャートラック」を使えば、楽曲のAメロとBメロの再生順を入れ替えたり、ある小節を再生した後に別の区間を繰り返し再生するといったことも可能だ。

NOTE 1

「アレンジャートラック」は
P.19で紹介している「トラックを追加」のダイアログのその他のトラックタイプからも作成することができる

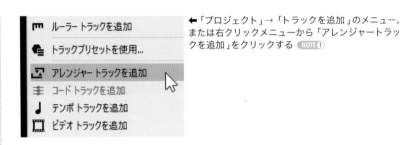

← 「プロジェクト」→「トラックを追加」のメニュー、または右クリックメニューから「アレンジャートラックを追加」をクリックする **NOTE 1**

↑ すると、プロジェクトにアレンジャートラックが作成（表示）される

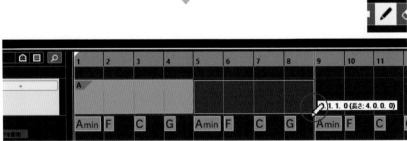

↑←「鉛筆」ツールを使って、AメロやBメロ、サビといった楽曲のセクションごとにその小節の範囲をドラッグしていこう。ドラッグした範囲には「A」や「B」と名付けられたアレンジャーパートが作成され、Inspectorにも同様のアレンジャーパートが表示される

↑アレンジャーパートが作成できたら、アレンジャートラックの「e」ボタンを押して「アレンジャーエディター」を表示しよう。「アレンジャーエディター」右側のアレンジャーパートをダブルクリックすると、「A」や「C」といったアレンジャーパートが左側の「現在のアレンジャーチェーン」に追加され、この「現在のアレンジャーチェーン」の並び順（上から下へと再生される）を変更することで、楽曲のアレンジを色々と試すことができる **NOTE 2** **NOTE 3**

 アレンジャーモードがアクティブな状態

↑「現在のアレンジャーチェーン」で指定した並び順は、アレンジャートラックのモードがアクティブ（オレンジ色に点灯）な場合に有効になる。元の状態で再生したい場合は、このボタンをオフにすればいい

← 「現在のアレンジャーチェーン」の並び順が確定したら、Inspectorのメニューから「チェーンを確定」を選択しよう。すると、プロジェクトの内容（楽曲）が自動的にアレンジャートラックで指定した通りに再構成される

NOTE 2
「現在のアレンジャーチェーン」に追加されたアレンジャーパートは、右クリックメニューの「この項目を削除」で消去することも可能だ

NOTE 3
「A」や「B」といったアレンジャーパートの順番は、マウスでドラッグすることで簡単に入れ替えたり、また各アレンジャーパートの右隣にある数字をダブルクリックして数字を入力すれば、アレンジャーパートを繰り返す回数も自由に設定することができる

Chapter **6**

「マーカートラック」を活用して再生ポジションを素早く移動する

「マーカートラック」とは、曲のセクションの切れ目などに目印を記録できるトラックのことだ。「イントロ」、「Aメロ」、「Bメロ」、「サビ」、「ソロ」といったマーカーをあらかじめ設定しておくと、プロジェクトでの作業中に素早く目的の箇所に再生位置を移動することができる。

← 「プロジェクト」→「トラックを追加」、または「＋（トラックを追加）」から「マーカートラック」を選択し、トラックを追加する

NOTE①

マーカートラックをトラックの下の方に作成すると小節数などがわかりにくい場合もある。そういった時は、「トラックを追加」→「ルーラー」を選択し、任意の場所に小節/拍のガイドを挿入する手がオススメだ

NOTE②

設定したマーカーは、ドラッグすると自由に位置を変更することができる。また、マーカーを選択した状態で「Delete」を押すと消去できる

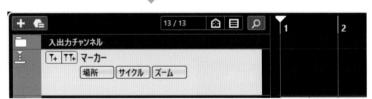

↑プロジェクト上にマーカートラックが作成（表示）される **NOTE①**

↑準備ができたら「鉛筆」ツールで、マーカーを設定したい小節をクリックしよう。すると、トラック上にマーカーが挿入され、Inspectorの「マーカー」のタブの中にもマーカーIDが表示される **NOTE②**

● マーカーの場所に移動するためのショートカット

再生ポジション

↑設定したマーカーに再生ポジションを移動するには、Inspectorのリストの「＞」をクリックするか、Windows／Macともに「Shift＋N（次のマーカーに移動）」、「Sfift＋B（1つ前のマーカーに移動）」を押せばいい

← 設定したマーカーは、Inspectorの「内容」の欄で名前を付けることができる。「Intro」や「Drop」など曲のセクションを示すわかりやすい名前を付けておくといいだろう **NOTE③**

NOTE③

Inspectorのマーカーは、デフォルトでは「ID」の隣りに「ポジション」が表示されている。「内容」を表示するには、「ポジション」のタブを右側にドラッグすればいい

サイクルマーカーが設定される

● サイクルマーカーを設定する

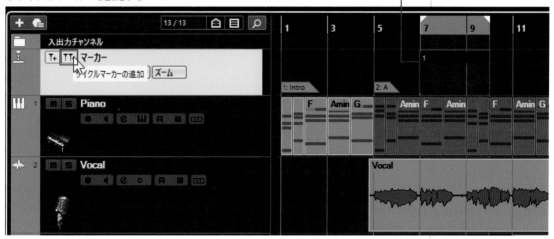

↑マーカートラックでは、左右のロケーターで範囲を決めた後に「サイクルマーカーの追加」ボタンをクリックすると、「サイクルマーカー」を設定することもできる。トランスポートパネルの「サイクル」ボタンを併用して、任意の範囲を繰り返しリピート再生したい時に活用するといい

● 複数のマーカーを利用する

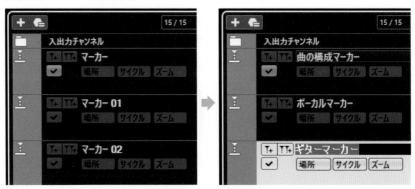

↑ 曲作りでは複数のマーカートラックを利用することも可能だ。ここでは「＋（トラックを追加）」から新たに2つのマーカートラックを追加して、それぞれのマーカーの名称も変更してみた

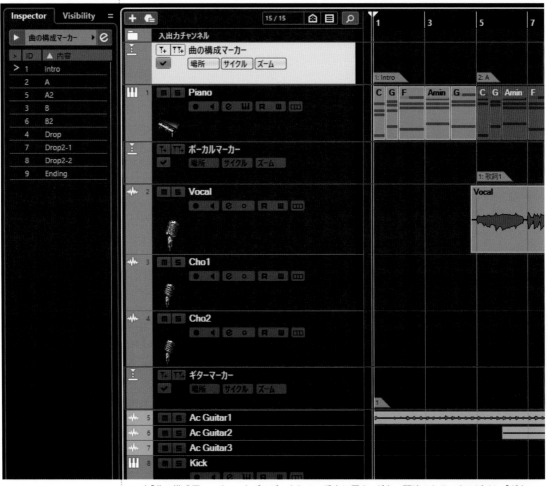

↑「曲の構成用マーカー」をプロジェクトの一番上に置き、ギター関連のトラックの近くに「ギターマーカー」、ボーカルトラックの近くに「ボーカルマーカー」を配置するなど、自分が作業しやすい場所にマーカートラックを移動して活用しよう

←複数のマーカートラックを作成した場合は、利用したいマーカートラックの「このトラックをアクティブにする」をオンにするとP.169で紹介したショートカットなどが利用できる

↑→「プロジェクト」メニュー→「マーカー」、またはInspectorの「e（マーカーウィンドウを開く）」で表示される「マーカーウィンドウ」を使うと、マーカーの内容を切り替えたり、新規のマーカーの挿入、削除といった操作を大きな画面で行なうことができる。マーカーを使って作業する際は、この「マーカーウィンドウ」も積極的に活用するといいだろう

「インプレイスレンダリング」で素早くオーディオ化する

プロジェクト上のMIDIイベントやオーディオイベントは、「インプレイスレンダリング」機能を使うと簡単にオーディオに書き出すことができる。レンダリング処理はトラック単位、各イベント単位で行なえ、オーディオ化したデータにエフェクトを含めるかどうかといった細かな設定も可能だ。

NOTE ①

「インプレイス」とは「決まった場所」、「レンダリング」とは「データを書き出すこと」を意味している。なお、レンダリングのことを「バウンス」と表現することもある

NOTE ②

Cubaseでは、トラック上に表示されたオーディオデータやMIDIデータの塊を「オーディオイベント」、「MIDIイベント」と呼んでいる

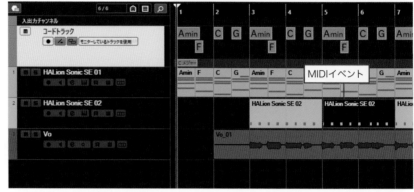

↑まずは、「インプレイスレンダリング」したいトラックやイベントを選択しよう。ここでは「HALion Sonic SE」で作成したキックのMIDIイベントを選択してみた NOTE② NOTE②

↑→「編集」メニューの「インプレイスレンダリング」→「レンダリング設定…」を選択し、オーディオの書き出しの設定を行なう。今回は、エフェクトを通さないドライのサウンドを書き出すために「処理中」を「ドライ」、名前を「Kick」にして、「レンダリング」を実行してみよう NOTE③

NOTE ③

「(現在の設定で) レンダリング」をクリックすると、「レンダリング設定…」で決めた内容ですぐにバウンス処理が実行される

NOTE 3

ここでは1つのオーディオイベントを例にしているが、複数のイベントを同時にバウンス処理することも可能だ

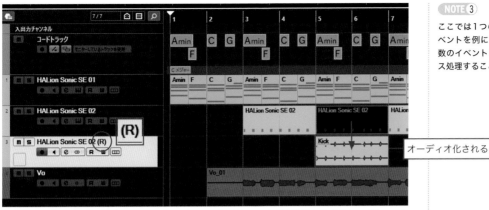

オーディオ化される

↑すると、選択したMIDIイベントの下に新たなオーディオトラックが自動的に作成され、バウンスされたオーディオデータ（オーディオイベント）が表示される。なお、バウンスされたトラックには（R）が表示されるのが特徴だ **NOTE 3**

オーディオイベント

↑インプレイスレンダリングは、オーディオイベントにも利用できる。例えば、画面のようにボーカルトラックのインサートにリバーブを掛けている場合、「レンダリング設定」でドライ以外のモードを選ぶと、エフェクト込みのオーディオイベントを書き出すこともできる **NOTE 4**

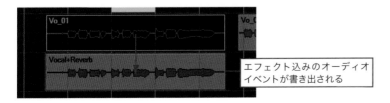

エフェクト込みのオーディオイベントが書き出される

NOTE 4

設定の詳細は下記の通りだ。
・「ドライ（チャンネル設定をコピー）」＝素の状態のオーディオデータが作成される
・「チャンネル設定」＝チャンネル設定（インサートエフェクトなど）を通過した音がバウンスされる
・「完全なシグナルパス」＝チャンネル設定に加え、センドエフェクトなどを通過した後の音がバウンスされる
・「完全なシグナルパス ＋ マスターエフェクト」＝チャンネル設定、センドエフェクト、マスターエフェクトを通過した後の音がバウンスされる

Chapter 6

「Frequency2」における ダイナミックEQの使い方

通常のEQと違って、任意の周波数のカット／ブーストの量を演奏のニュアンス（強弱）に合わせて変更させられる「ダイナミックEQ」。ここでは、バージョン11となって各バンドごとにこのダイナミックEQのモードが実装された「Frequency 2」の基本的な使い方を解説していこう。

※「ダイナミックEQ」は、Cubase Proのみで使用できる機能です。

【通常のEQの使い方】

➡アコギのオーディオトラックに「Frequency2」を設定して、バンド5の周波数（1kHz近辺）をカットしてみた状態。カットした部分は谷のような形状（青色の曲線）となり、通常はこの曲線に合わせてEQが掛かる

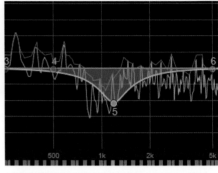

【ダイナミックEQを有効にした状態】

↑➡こちらは、バンド5の「DYN（ダイナミックフィルタリング）」をオンにして、ダイナミックEQを有効にしてみたところ。アコギを再生してみると、実際にEQ処理される部分が白い曲線として演奏に応じて上下に動く

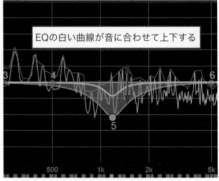

EQの白い曲線が音に合わせて上下する

➡ダイナミックEQは、「スレッショルド値を超えた音」を「レシオの比率」によってカット／ブーストする仕組みになっている。この設定は「Frequency2」画面右の「VIEW」を「MULT」から「SING」に切り替えるか、各バンドの帯の部分をダブルクリックすると表示される「DYNAMICS」で設定可能だ

●「サイドチェイン」を使ってダイナミックEQを掛ける方法

「Frequency 2」のダイナミックEQは、設定したトラック自体の音の強弱で機能させる使い方以外に、別のトラックの入力（サイドチェイン入力）に応じて機能させることもできる。例えば、「ベースとキックの低域が被る際に、キックの発音タイミングに合わせてベースの低域をカットする」、「ボーカルとギターの中域が被っているので、ボーカルが入ってくる時はギターの中域をカットする」といった使い方が可能なのだ。

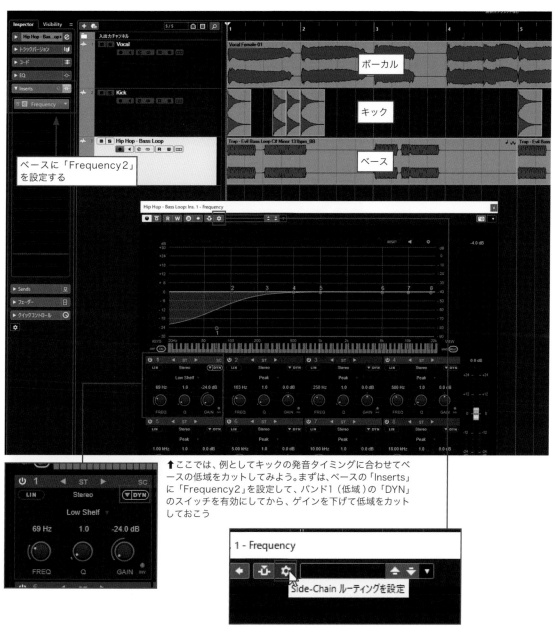

↑ここでは、例としてキックの発音タイミングに合わせてベースの低域をカットしてみよう。まずは、ベースの「Inserts」に「Frequency2」を設定して、バンド1（低域）の「DYN」のスイッチを有効にしてから、ゲインを下げて低域をカットしておこう

↑ 続いて、「サイドチェインの入力」を選択するために「Frequency2」の画面上部にある「Side-Chainルーティングを設定」をクリックする

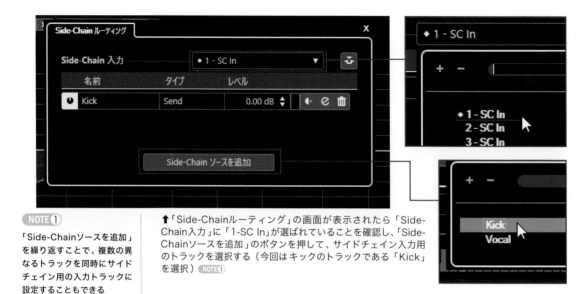

NOTE ①

「Side-Chainソースを追加」を繰り返すことで、複数の異なるトラックを同時にサイドチェイン用の入力トラックに設定することもできる

↑「Side-Chainルーティング」の画面が表示されたら「Side-Chain入力」に「1-SC In」が選ばれていることを確認し、「Side-Chainソースを追加」のボタンを押して、サイドチェイン入力用のトラックを選択する（今回はキックのトラックである「Kick」を選択）**NOTE ①**

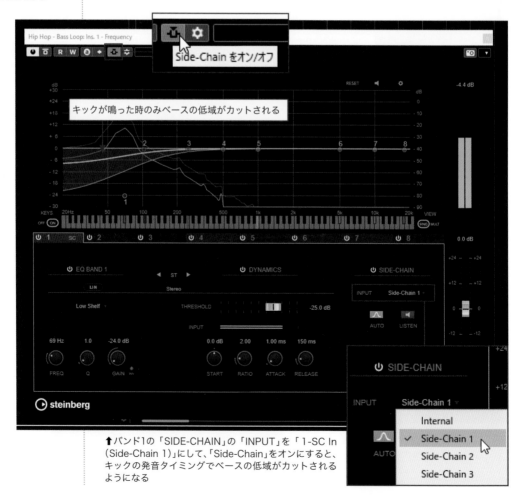

↑バンド1の「SIDE-CHAIN」の「INPUT」を「1-SC In（Side-Chain 1）」にして、「Side-Chain」をオンにすると、キックの発音タイミングでベースの低域がカットされるようになる

Chapter 6
「SpectraLayers One」で 2ミックスからボーカルを抜き出す

オーディオのスペクトラル編集に特化した「SpectraLayers One」が利用できるのも Cubase11のメリットのひとつだ。ここでは「SpectraLayers One」を使って、2ミックスから ボーカルとオケトラックを分離／抜き出す手順を紹介していこう。

※「SpectraLayers One」は、Cubase Pro／Cubase Artistで使用できる機能です。

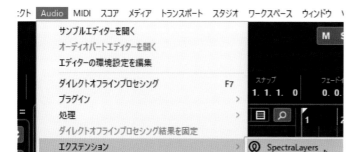

↑まずは2ミックスのオーディオイベントを選択した状態で、「Audio」メニュー から「エクステンション」→「SpectraLayers」をクリックする (NOTE1)

NOTE 1

メニューに「エクステンション」→「SpectraLayers」が表示されない場合は、アプリケーションがインストールされていない可能性が高い。「Steinberg Download Assistant」を起動して、「SpectraLayers One」がインストールされているかを確認しよう

←すると、下ゾーンに解析された 2ミックスのエディターが表示されるので、「Layer」メニューから「Unmix Vocals」を実行しよう

↑「Unmix Vocals」のダイアログが出てきたら「OK」ボタンを押す

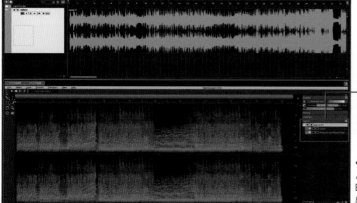

←「Unmix Vocals」が完了すると、上のように「Vocals」、「Piano＋Drums＋Bass＋Other」という2つのレイヤーが作成される

177

← 作成されたレイヤーの「Vocals」を選択すると、2ミックスから抜き出されたボーカルの音のみを確認することができる。また、一方の「Piano＋Drums＋Bass＋Other」を選択すると、ボーカルのないオケトラックの音が確認できる

元の2ミックス

ボーカル

ドラッグ＆ドロップする

↑ 作成されたレイヤーは、プロジェクト上にドラッグ＆ドロップすることで簡単にオーディオトラックとして利用することができる。上画面は「Vocals」をドラッグ＆ドロップしてみたところ

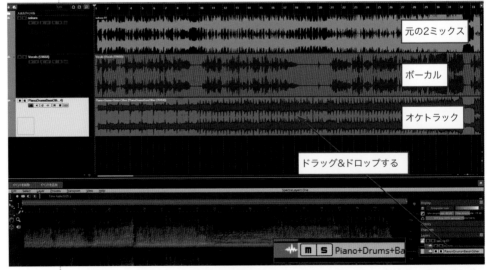

元の2ミックス

ボーカル

オケトラック

ドラッグ＆ドロップする

↑ 同様に、「Piano＋Drums＋Bass＋Other」をプロジェクト上にドラッグ＆ドロップすると、ボーカルなしのオケトラックを配置することができる

参考曲から学ぶ実践テクニック

Chapter **7**

本書のために特別にカスタマイズされた、2つの
楽曲のプロジェクトデータは、下記のリンクから
ダウンロードすることができます。

※楽曲データに関する情報は
　https://tunegate.me/mmcubase11book にも掲載しております。

特別ダウンロードコンテンツ その❶
● CUTT『Timing（特別バージョン）』について‥‥180

 https://musicmaster.jp/ftp/MM_C11Book_CUTT.zip

特別ダウンロードコンテンツ その❷
● JUVENILE『The Best Of You』について‥‥200

https://musicmaster.jp/ftp/MM_C11Book_JUVENILE.zip

※URLにアクセスする際は
アドレスの大文字と小文字の違いにご注意ください

Chapter 7

特別ダウンロードコンテンツ その❶
CUTT『Timing（特別バージョン）』について

CUTTさんが本書のために提供してくれた楽曲「Timing（特別バージョン）」。ここからは、この
プロジェクトに含まれる様々なテクニックを本人のコメントを交えつつ解説していきたいと思う。
ギターロックを打ち込みで作りたい人は必見のプロジェクトだ。

CUTT（カット）

高校在学中にバンド「shame」
を結成。98年にデモテープが
hide（X JAPAN）に認めら
れ、翌年LEMONedレーベル
よりデビュー。4thシングル
「P.F.P.」が全国のラジオ局で
パワープレイを獲得するなど
人気を博したが、02年突然の
解散。その後ツインボーカル
ユニット「ORCA」など様々な
経歴を経て、現在はソロとし
て、また宇宙バンド「SPEED
OF LIGHTS」として活動中

＜楽曲のダウンロード＆起動方法＞

↑ ダウンロード先URL https://musicmaster.jp/ftp/MM_C11Book_CUTT.zip にアクセス
すると、「Timing（特別バージョン）」のzipファイルがダウンロードできる（※URLにアクセスする
際はアドレスの大文字と小文字の違いにご注意ください）

←ダウンロードされたzip（圧縮）ファイルを、Windows
では右クリックメニューの「すべて展開」、Macではダブ
ルクリックすることで展開（開く）する

➡フォルダが展開されたらフォ
ルダの中にある「Timing」をダブ
ルクリックしよう

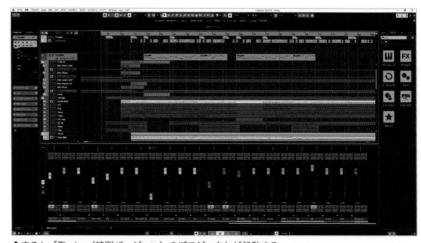

↑すると、「Timing（特別バージョン）」のプロジェクトが起動する

POINT CUTTさんが語る楽曲の制作秘話

——「Timing」はどのようにして生まれた曲なのですか？

実は曲の核となるサビのメロディーや歌詞のコンセプトは何年も前からあって、いつか完成させたいなと思っていたんです。で、弾き語りのライブをすることが多かった2018年に、お客さんが付点8分の手拍子で一緒に参加できるようなリズムを思いついて。それをきっかけにして曲が形になっていきました。

——歌詞のコンセプトというのは？

人間もある程度年齢を重ねてくると、過去と未来を比較した時に「過去にできなかったこと」を思い出す場合が多くなってきますよね。でも、まだ遅くなくて、「いつやるの？ 今でしょ（笑）」みたいなことを、自分自身を鼓舞するためにも表現したくて。それがコンセプトです。僕にとって曲作りで一番幸せな形は、思想的なひらめきとメロディーが同時に降りてくるケースなんですけど、この「Timing」はまさにそんな感じでしたね。

——今回、本書に提供していただいた「Timing（特別バージョン）」では、どのような点に注目してもらいたいですか？

Cubase11となって搭載された新プラグインを使っているので、まずはそこですね。具体的に言えば「Frequency2」のダイナミックEQを使って、歌がギターに埋もれないような処理をしたり、キックの低域がベースに埋もれないようにしています。

——ダイナミックEQが使えるメリットはかなり大きいですか？

そうですね。今まで、サイドチェインと言えばEDMの「ダッキング」を得るために、ベースやパッドにコンプレッサーをかけてキックをトリガーにして使うのが定番だったと思うんですけど、コンプレッサーだと全部の音に影響が出てしまうんですよね。でも、「Frequency2」だと任意の帯域だけにその効果を反映できるので、より自然なサウンドが簡単に得られます。こういう使い方が、Cubase標準でできるようになったのは大きいですね。

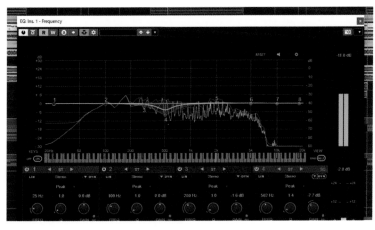

←今回の楽曲では、エレキギターの音をまとめたグループトラック「EG」に「Frequency2」が設定されており、502Hz（バンド4）のダイナミックEQが有効になっている。サイドチェインの入力ソースがボーカルになっているため、ボーカルが入ってくると同時にエレキギターの音が引っ込むような効果を得ることができる（詳しくはP.189を参照）

——楽曲の後半に入ってくるシンセのソロも印象的でしたが。

はい。楽曲の間奏部分にサンプラートラックの新機能やベンドを使いつつ「Solo Synth」を入れてみました。バージョン11ではボリュームみたいに滑らかなピッチベンドが書けるようになって、しかもキレイに半音ずつとかも設定できるのがいいですね。この滑らかなピッチベンドの動きにも注目しながら楽曲を聴いてもらえるとうれしいです。

Chapter 7

イントロ編 – Timing（特別バージョン）–

かわいらしいトイピアノの音色から始まるイントロは、エフェクトの掛かったスネアとライザー系の効果音を加えつつ激しいエレキギターのリフへとつながっていく。まずは、このイントロを作ったプロセスと各トラックに用いたエフェクトなどについて聞いてみた。

── イントロを作るにあたって、最初に考えたことは何ですか？

「サビのメロディーを提示すること」と「お客さんに手拍子をしてほしい」というコンセプトを伝えることですね。まぁ、メロディーとリズムをいきなりお客さんに植え付けるというか（笑）。で、それを「今から始まるぞ〜」みたいにするために、ライザー系の効果音も入れて演出しています。これだけ長めの尺があると、ライブの時も「この曲はこうだよ！」ってお客さんに言ってあげられるし、まさに曲を紹介するコーナーというかイントロダクションですね。

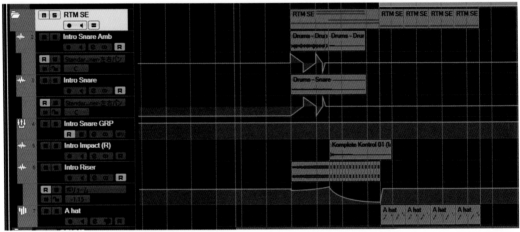

↑イントロに使われているスネア、効果音などは「RTM SE」というオレンジ色のフォルダで管理されている。フォルダを開くと、「Intro Snare Amb」、「Intro Snare」、「Intro Impact(R)」、「Intro Riser」などのオーディオトラックが確認できる

── イントロのスネアにはオートメーションが設定されていますよね？

はい。スネアは実音感の強い「Intro Snare」とそのアンビのみを書き出した「Intro Snare Amb」の2トラックあるんですが、その2つのトラックの定位がシンメトリーに動くようにオートメーションを書いています。なので、ヘッドホンとかで聴くと、原音とアンビの音が左右で入れ替わっていくような効果が確認できると思います。ちなみに今回の曲ではパンのオートメーションを書いていますけど、バージョン11で新搭載された「Imager」というプラグインを使う手もありですね。

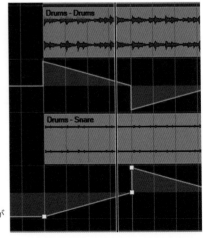

➡「Intro Snare Amb」と「Intro Snare」の定位がオートメーション化されているところ

──スネアにはエフェクトも掛かっていますよね？

そうですね。この「Intro Snare Amb」と「Intro Snare」の２つのトラックは、「Intro Snare GRP」というグループトラックにいったんまとめて、そこで「Quadrafuzz v2」を掛けています。

↑「Quadrafuzz v2」でスネアの音をあえて汚して、イントロダクションと本編との違いを出している

──イントロで鳴っているメロディーの音は、どのように作られたのですか？

これは単体売りされている「HALion Sonic」の音色をいくつか重ねて作ったものです。このプロジェクトでは「Toy Piano」というトラックで「HALion Sonic SE 02」というオーディオイベントに書き出されていますが、アタック感を出すための音、音程感を出すための音など、３つくらいのベルの音を組み合わせて作りました。

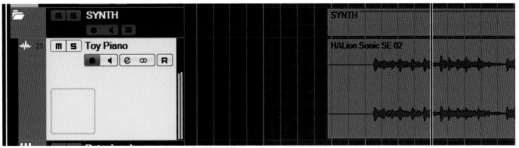

↑楽曲冒頭から始まるサビのメロディーは、紫色の「SYNTH」というフォルダの中にある「Toy Piano」の音だ

Chapter 7 ボーカル編 - Timing（特別バージョン）-

歌のピッチはもちろん、レコーディングした後のダイナミクスや空間系のエフェクト処理で、プロとアマチュアの差がもっとも出やすいのがボーカルパートだろう。CUTTさんが定番で使うという「PingPongDelay」と「REVerence」の設定はぜひとも参考にしたいところだ。

—— 続いて、ボーカルトラックについて教えてください。

ボーカルトラックは「VOX」という青いフォルダで管理していて、「Vo Main」と「Cho」になります。プロジェクトの1番目のトラックに「Vo guide」というMIDIトラックがあるんですが、これが歌メロのガイドですね。

↑「Vo guide」に入力されたMIDIデータ。これが今回の楽曲のボーカル用メロディーだ

—— メインボーカルは何テイクくらい録られたのですか？

5テイクくらいですね。僕がボーカルを録る時はだいたい5テイクと決まっていて、長年やっていると何となく各テイクの性格も見えてくるんですね。これは自分で録っている「ボーカリストあるある」でもあると思うんですが、安定感を求めるならやっぱり回数を重ねた5テイク目、新鮮さを求めるなら1テイク目、バランスがいいのは3テイク目なんです。で、意外な伏兵が隠れているのが2テイク目で、5テイク目に失敗した時は4テイク目なんですよ（笑）。その中から良いテイクをセクションごとに選んでいきます。

—— では、この「Vo Main」は5テイクの中のいいとこ取りをして1つの波形の書き出したものなんですね。

はい。昔と違ってピッチに関しては簡単にCubase上の「VariAudio」で直すこともできますし、僕の場合、ニュアンスやどれだけ倍音成分が出ているかなどを基準にしています。何をファースト・プライオリティ（優先順位の1位）にするかを決めておくことも、複数のボーカルテイクからOKテイクを選ぶうえで重要だと思っています。あと、ボーカルのエディットは間違えると「沼にハマる」行為だと思っていて、比較しないとわからないようなものは気にしないことですね。

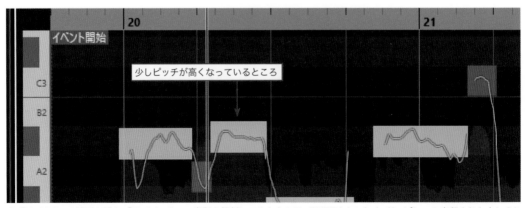

↑「Vo Main」の波形を開き、「Vari Audio」で音程を解析してみたところ。CUTTさんいわく、ドンピシャの音程よりも少しくらい（20セント程度であれば）音程が高い方が、歌に勢いが生まれることもあるという

—— コーラスはどのように録音したのですか？

これはメインのボーカルに対して、「- 3」の下ハモを入れてあります。この曲は「B、A、G#」という感じで、優しく音が下がっていく歌メロなんですけど、上にハモリを入れると中華風になってしまうんですよ。それで下ハモにしています。でも、コーラスが入ってきたことを強調したいときは上に付ける場合もありますし、コーラスの付け方も感覚的なところはありますね。

—— **では、ボーカルトラックのエフェクト処理についてもお聞きします。「Vo Main」のチャンネルストリップを見るとコンプが掛かっていますね。**

そうですね。ただ、このボーカルにはオーディオインターフェイス「AXR4」付属のコンプを掛け録りしたので、ここでは軽く音を揃える程度ですね。コンプで音作りをするというよりかは、ゲインリダクションが1～2dB振れるくらい。アタック、リリースともに最速にして、ちょっと出過ぎたところをすぐに叩けるような設定になっています。

↑「Vo Main」のチャンネルストリップでは「VintageCompressor」が使われ、ボーカルを再生した時に「GAIN REDUCTION」が2dB程度振れていることがわかる

—— **空間系のエフェクトには、どのようなものを使っているのですか？**

メインボーカルもコーラスも「Sends」経由で「PingPongDelay」と「REVerence」を掛けています。あと、メインボーカルに関しては「Sends」経由でギターの「Frequency2」にも信号を送っています（詳しくは、P.189参照）。

――「PingPongDelay」の設定について教えてください。

ディレイタイムが「1/4」、「SPATIAL」が「28.5％」、「FEEDBACK」が「0.0％」ですね。「SPATIAL」が「100％」だと完全に左右に開くのですが、「28.5％」なのであまりステレオ感はない状態です。ディレイタイムを4分音符にすることで自然に曲に馴染んでくれて、ボーカル単体で聴いてもちょっと掛かっているかなくらいの印象だと思います。

← 「PingPongDelay」では、あえてボーカルにステレオ感を出さずに、オケと馴染むように「SPATIAL」を調整していくのがポイントだ

――「FXチャンネル」フォルダの中にある「Vo delay」を見てみると、ボリュームのオートメーションが書かれていますよね。

はい。48小節目から63小節目の間はオケの数が減ってボーカルの響きが目立つので、ディレイ感を少なくするためにボリュームを下げています。こうやって、ディレイがかかっていることがバレないように工夫しています（笑）。

――「REVerence」の設定に関しては？

ボーカルに使うリバーブは「REVerence」のプレートの2秒というのが定番ですね。プリセットにずばり「Plate At 2sec」というのがあって、それをそのまま使っています。このプリセットでは「PRE-DELAY」も「70ms」入っているので、原音とも被らないし、使い勝手はとてもいいですね。「Plate At 2sec」はかなりオススメです。

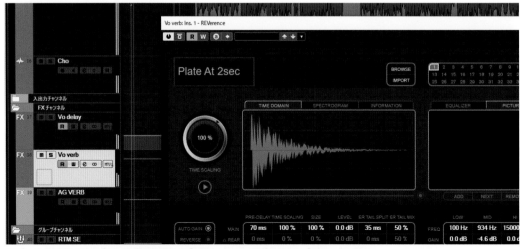

↑ ボーカル用のリバーブとして使われている「REVerence」のプリセット「Plate At 2sec」

Chapter 7

ギター編 - Timing（特別バージョン）-

バージョン11から可能になったダイナミックEQ。CUTTさんはエレキギターのグループトラック「EG」に「Frequency2」を使い、ボーカルの発音タイミングに合わせてギターの中域が引っ込むように設定している。ギターとボーカルのミックスに頭を悩ませている人は要チェックだ。

──この楽曲では複数のギタートラックが使われていますよね。

そうですね。ギタートラックは「GTR」という緑のフォルダに入っていて、コードストロークを弾くアコギ「AG 1」と落ちサビのところだけを弾いた「Ochi AG」、常にLとRで鳴っているメインのエレキギター「EG L」と「EG R」、あとはサビ前のSus4のタメであったり、ギュイーンという音だけを弾いた「EG SAMI MAE L」、「EG SAMI MAE R」、「Intro EG L」、「Intro EG R」があります。で、これらのギターの音は最終的にアコギは「AG」、エレキの音は「EG」というグループトラックで出力をまとめています。

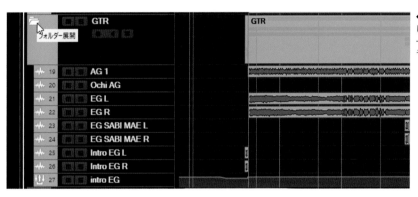

← 「GTR」フォルダを展開したところ。計8つのギターに関するオーディオトラックが使われている

──「GTR」の中には「intro EG」というグループトラックもありますが。

はい。「Intro EG L」と「Intro EG R」は、最終的な「EG」の前に「intro EG」というグループトラックでいったん出力をまとめて、そこで「Quadrafuzz v2」をかけてさらにギュイーンという歪み感を強調しています。

↑ 「intro EG」のInsertsに使用されている「Quadrafuzz v2」。中低域と中高域で「DIST」がオンになっている

187

── CUTT さんは、アコギとエレキを併用することは多いのですか？

アコギを入れたのは弾き語りのライブを数多くやっていた時期に作ったというのもあるんですが、デビューしたバンドもツインギターでしたし、ギターをL／Rで鳴らすのは自分にとってはオーソドックスなパターンです。エレキが入ってくるので、アコギは音程感というよりもリズム楽器のようなパーカッション的な役割に近いかもしれません。

── ちなみにアコギは何を使われたのですか？

テイラーだったと思います。その音をマイクで拾ってCubaseのEQで低域をカットして使っています。アコギってマイクで録るとボディのロー感が出やすいのですが、ここでは「ザクザク」とした感じだけを残したかったので。

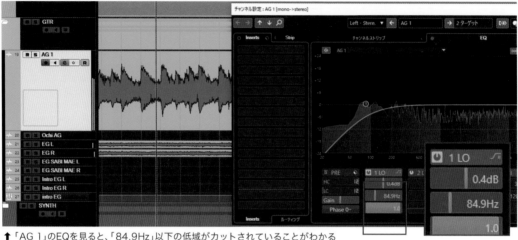

↑「AG 1」のEQを見ると、「84.9Hz」以下の低域がカットされていることがわかる

── アコギには軽く「Sends」経由でリバーブも掛かっているんですね。

はい。「RoomWorks」を設定した「AG VERB」というエフェクトトラックを作って、そこに信号を送っていますね。アコギは完全なドライだと音が前に出過ぎてしまうので、それを防ぐ目的です。この曲では、アコギよりもエレキを前に出したかったので。

↑アコギに使われている「RoomWorks」。「GAIN」の「LOW」を「-12.2dB」と下げることで、低域にリバーブが掛からないようにしている（せっかくEQでカットした低域が増幅されないようにするため）

――では、エレキギターで行なったことを教えてください。

これが今回のプロジェクトで一番やりたかったことなんですけど、エレキギターの出力をまとめたグループトラック「EG」のInsertsに「Frequency2」を設定して、バージョン11で新搭載されたダイナミックEQを掛けています。

――具体的にはどのように？

まず「Frequency2」でボーカルと被りやすい「500Hz（バンド4）」あたりを「GAIN」で下げます。ただ、これだと単純にギターの中域がカットされてしまうだけなので、バンド4の「DYN（ダイナミックフィルタリング）」をオンにして、「Side-Chainルーティング」の「Side-Chainソースを追加」からメインボーカルの「Vo Main」を選んで「Side-Chain」を有効にします。これでボーカルが入ってきたタイミングでギターの中域が下がるようになります。ボーカルが入ってきた時だけEQが掛かるので、サビ中でギターと団子状態になることも避けられるし、これはかなり使えますね。

【設定の手順】（ダイナミックEQの基本的な使い方はP.174を参照）

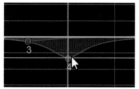 

←ボーカルと重なりやすい中域「502Hz（バンド4）」の「GAIN」を「-7.7dB」下げて、「DYN」をオンにする

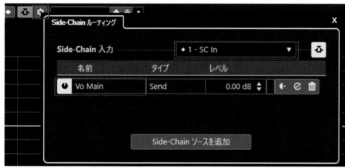

↑「Side-Chainルーティング」からメインボーカル「Vo Main」を追加する（Side-Chain入力は「1-SC In」を選択）

↑任意のバンド（ここではゲインを下げた502Hzのバンド4の青い部分）をダブルクリックして詳細設定画面を出し、SIDE-CHAINの「INPUT」を「Side-Chain 1」にする

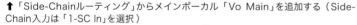

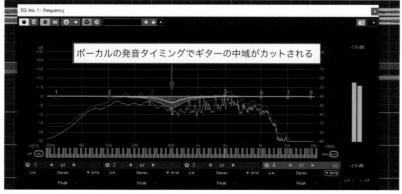

ボーカルの発音タイミングでギターの中域がカットされる

↑楽曲を再生するとボーカルが入ってきた時だけ、ギターの中域がカットされる

Chapter 7

ドラム編 – Timing（特別バージョン）–

この楽曲のドラムは、1曲まるごと打ち込んだというMIDIデータが元になっている。ここではドラムの打ち込み、オーディオの書き出し、そして48小節目から部分的に使ったというサンプラートラックについて聞いてみた。

――ドラムはどのように作られたのですか？

ドラムは「DRUMS」フォルダに入っているんですが、まず「Drums MIDI」というインストゥルメントトラックで全部打ち込みました。

――打ち込みに使った音源は？

単体発売している「Groove Agent」です。

――打ち込んだデータのポイントを挙げるとすると？

データを見てもらうとわかると思いますが、かなりベタ打ちというか、キックの「ド、ドッ」という部分などを除く多くの部分で同じベロシティーになっています。まぁ、よく言えばアナログとデジタルのいいとこ取りというか、一定のビート感で鳴らせるソフトのメリットを活かしつつ、生ドラムに近づける必要のある部分だけに抑揚を付けています。あと、37小節と65小節から始まるサビでは「生ドラムでなはい４つ打ちのキック」が入るので、この範囲だけは「C1」のキックのMIDIデータがない状態になっていますね。

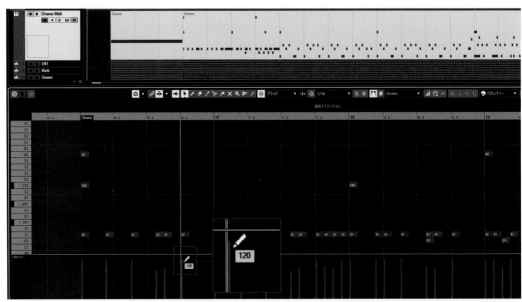

↑「Drums Midi」のMIDIデータを表示してみたところ。キックが16分で続く場所などを除き、あえてビート感を一定にベロシティーは「120」で統一されている

――「Drums Midi」で打ち込んだドラム（MIDIデータ）はオーディオ化されていますよね。

はい。キック、スネア、タムのいわゆる「皮もの」と、オーバーヘッドマイクを含むそれ以外という感じで書き出しています。これは僕がスタジオなどでマルチマイクで録った場合と同じスキーム（考え方）です。

──**48小節目から始まる「2A Loop」というデータについても教えてください。**

このトラックはサンプラートラックで、新ライブラリーの「LoFi Dreams」から「Lofi_Drum_Loop_80_09_Full_LD」というドラムループを読み込んで、それをスライスして打ち込み直しています。今回のバージョン11からサンプラートラックでスライスができるので、こうやって手軽に自分の好きなフレーズにアレンジできるのはうれしいですね。あと、新しいサンプラートラックでは「LFO」も使えるようになったので「PAN」に掛けてみました。フレーズがちょっとオートパン的に動いているのはそのせいです。

──**このループ素材を選んだ理由というのは？**

「こういうスネアがいいな」みたいに音色の雰囲気だけで選びました。2Aのセクションは基本的には「ドンッ、パ、ドッ、パッ」という「2A Hit」でできているので、このサンプラートラックではパンを振って面白くやろうというネライです。

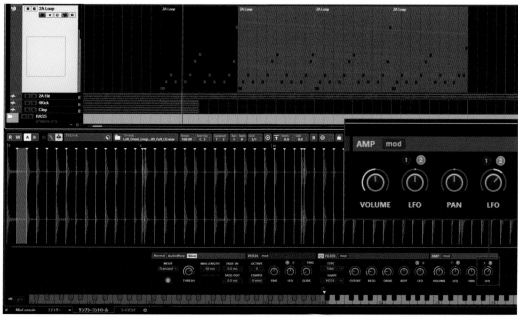

↑「2A Loop」のサンプラーコントロールを開いたところ。「AMP」セクションの「PAN」の「LFO」が「33.0％」になっている

──**その他、何かドラムパートで特筆すべきことはありますか？**

先ほど、ギターとボーカルで「Frequency2」のダイナミックEQの話をさせてもらいましたけど、キックとベースにもそれをやっていて。ベースにサイドチェインを掛けるというアイディアがない時は、どうしても低域が飽和しちゃうのでどちらかをあきらめるしかなかったんですけど、ダイナミックEQとサイドチェインを使えば「キックが鳴る瞬間にベースがよけてくれる」ので、キックのローをさらに強調できるようになりました。ちなみに「4Kick」の方はシンセの「Pad」にも信号を送ってダイナミックEQを掛けています。

Chapter 7 ベース編 - Timing（特別バージョン）-

ドラム同様、すべてMIDIデータで打ち込んだものがオーディオ化されているというベーストラック。ベースのMIDIデータを1曲を通して見る機会は意外と少ないのではないだろうか。「A」、「B」、「C（サビ）」それぞれのMIDIデータをじっくりと見て打ち込みの参考にしよう。

──ベースについて教えてください。

ベースは「BASS」という黄色のフォルダで管理していて、今回の曲では、IKマルチメディアの「MODO BASS」というソフトで打ち込んだものをオーディオ化しています。

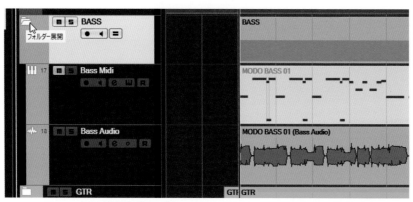

← 「BASS」フォルダを展開したところ。「Bass Midi」で打ち込まれたMIDIデータを書き出したものが「Bass Audio」だ

──ベースを打ち込む際に心掛けたことは？

実はドラムと同じように、生をシミュレートすることにはあまり重きを置いてなくて。基本は楽曲のコード感の根底にあるローをしっかり鳴らすというのがありました。ただ、リズムという面ではアコギもガンガン鳴ってますし、場所によってはスネアのロールもあるので、例えば20小節目からのAセクションでは「ボー、ツボ」みたいな大きなフレーズにしたりして。かなり割り切ったことをしています。あと、ベースはとにかく「休符」が大事だと思うんですよね。MIDIデータを見てもらうとわかると思いますが、28小節目からのBセクションなどでも単純に「付点8分」で打ち込むのではなくて「16分」の休符が入れてあったりします。

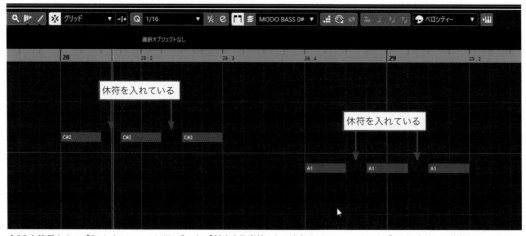

↑28小節目からの「B」セクションのMIDIデータ。「付点8分音符」をベタ打ちするのではなく、「16分音符」の休符を入れることでベースにメリハリを付けている

────サビの部分でのベースはいかがですか？

サビの部分で「休符」を使うと、今度はそっちに耳が持っていかれるので、この曲では逆に「休符」を使わないようにしています。なので、「A」、「B」、「C（サビ）」で、それぞれベースの役割がちょっとずつ変わっていると思います。

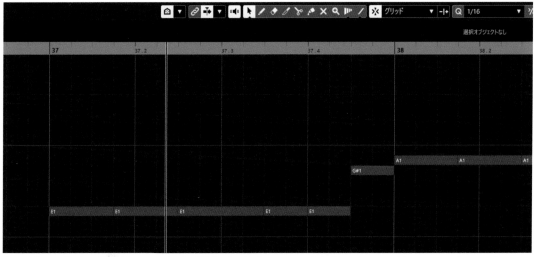

↑ 37小節目の「C（サビ）」部分のMIDIデータ。「休符」を入れずにベースの疾走感を出すことで、結果としてサビのメロディーに耳が集中するように仕向けている

────ベースに掛かっている「Frequency2」についても教えてください。

ここでも「Frequency2」のダイナミックEQを使っていて、サイドチェインの入力元として「kick」と「4kick」を設定しています。キックのタイミングで、ベースのローのみが減るという使い方ですね。具体的には、「Frequency2」のバンド1のダイナミックEQが有効になっていて、200Hz以下がガッツリと減る感じですね。これで、キックのロー感を失うことなくベースを鳴らすことができています。

➡ ベースの「Frequency2」を見ると、キックの発音タイミングに合わせて低域がカットされていることがわかる

-Advanced Music Production System- CUBASE 11

Chapter 7

シンセサイザー編 - Timing（特別バージョン）-

シンセ系のトラックは7つ使用されている。特にディストーションが掛けられた「Pad」、サンプラートラックの「モノフォニックモード」や「Legato Mode」、ピッチベンドを使って作られたという「Solo Synth」のフレーズは、実際に音を聴きながら読んでみてもらいたい。

── シンセサイザーに関するトラックについて教えてください。

シンセ関係は「SYNTH」という紫のフォルダに入っています。まずはイントロダクションに使った「Toy Piano」で、これはメロディーを提示するためのものですね。で、ギターだけだと足りない上の方の倍音を足すイメージで作った「Pad」。これがリフやサビなどで鳴ります。あと、ギターソロの代わりではないんですが、歌のフェイクみたいなのにハモるように作った「Solo Synth」、落ちサビの手前と最後のアウトロのメロディーを補完するような役割で「Retro Lead」や「Synth Lead」があります。

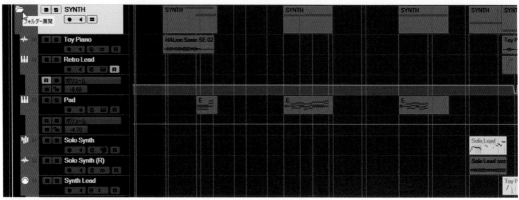

↑「SYNTH」フォルダを展開したところ。「Toy Piano」、「Retro Lead」、「Pad」、「Solo Synth」、「Solo Synth（R）」、「Synth Lead」、「Synth Audio」といった7つのトラックが使われている

──「Pad」には様々なエフェクトが掛けられていますよね。

はい。「Distortion」、「Squasher」、「Frequency2」を掛けています。

──「Pad」にディストーションというのはよく使う手なのですか？

そうですね。パッドというと「フワァー」という感じが多いと思いますけど、「Distortion」を入れることで非整数次倍音を含めた「壁みたいな倍音」が足されて、歪んだギターともマッチするんです。

➡「Pad」に使われている「Distortion」。CUTTさんいわく、Cubase純正の「Distortion」は上の方の倍音を自分のイメージ通りに付けてくれるのでお気に入りとのことだ

194

── 「Distortion」の次の「Squasher」はどのような意図で使われているのですか？

「Squasher」では、よりコンプ感を出すのと同時に低い帯域と真ん中の帯域を減らしていて。こうすることで、ギターと被るのを防いでいます。

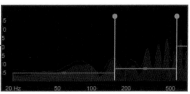

← 「Squasher」を見ると、赤の低域と青の中低域が極端にカットされていることがわかる

── 3つ目の「Frequency2」に関しては？

最後の「Frequency2」は4つ打ちのキックのサイドチェインがかかっていて、軽く跳ねるような感じにしています。

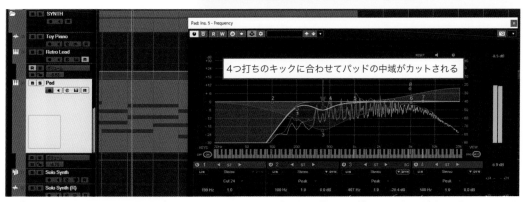

↑ 「Frequency2」では200Hz以下が大胆にカットされていて、バンド3に関してはダイナミックEQがオンになっている。サイドチェインの入力には「4Kick」が指定され、楽曲を再生すると4つ打ちのキックのタイミングで「Pad」の中域（バンド3で設定した「407Hz／-20.4dB」）がカットされる

──では、続いて「Solo Synth」について教えてください。

はい。82小節目から始まる「Solo Lead」というMIDIイベントを鳴らしているトラックですね。これはサンプラートラックなんですが、新ライブラリー「Night Call Synthwave」から「Synth_Wave_Synth_Skylight_09_C5_NC-01」という素材を読み込んで使っています。で、まずサンプラートラックを「モノフォニックモード」にして、その隣りの「Legato Mode」も有効にしてあります。

──「Legato Mode」を有効にすることで、どんなことが可能になるのですか?

今回使用している「Synth_Wave_Synth_Skylight_09_C5_NC-01」というサンプル素材は結構長くて、後半にモジュレーションなども掛かっているんですが、今までのサンプラートラックだと発音するたびに先頭からしか再生できなかったんです。それが、この「Legato Mode」を有効にすると、レガートで弾いた時(2つの異なる音程を、鍵盤を離さずに途切れない状態でつなげて弾く)にサンプル素材を先頭に戻さずに鳴らすことができるんですよ。

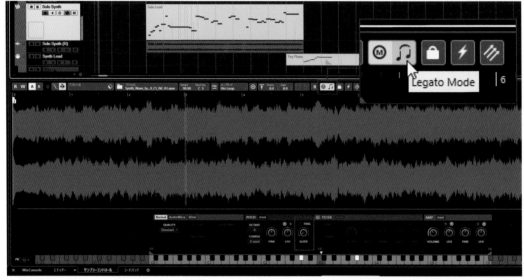

↑「Solo Synth」のサンプラーコントロールを開いたところ。素材として「Synth_Wave_Synth_Skylight_09_C5_NC-01」が読み込まれ、「モノフォニックモード」と「Legato Mode」が共にオンになっている。「Legato Mode」をオンにした場合、レガート奏法した際に波形の再生が継続されるため、サンプル素材が長めだとその内容を活かしたフレージングが行なえる

あと、「Glide Time」をかなり強めにしておくとわかりやすいんですけど、「GLIDE」の「FINGER」というのも面白くて、これをオンにすると音が重なっている時にだけグライドをかけて、重ならない時はグライドをかけなくすることができます。これは演奏表現上、かなり使える機能だと思いますね。

↑「FINGER」がオフの状態だと、異なる音程を弾いた時に常にグライドがかかることになる

—— 「Solo Synth」のフレーズにはピッチベンドも掛けられていますよね。

そうですね。今回のバージョン11で
かなり綺麗にピッチベンドが掛けられ
るようになったのでやってみました。
半音ずつでスナップさせることもでき
るので、ピッチベンドを使ったフレー
ズ作りもいけますね。今回の楽曲では
やっていませんが、長いノートをひと
つ打ち込んでおいてピッチベンドの上
げ下げだけでメロディーを作っても面
白いと思います。

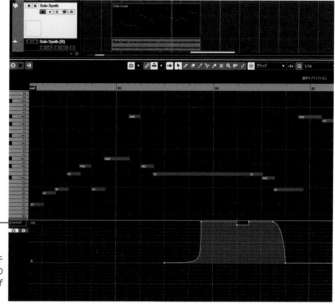

➡「Solo Lead」というMIDIイベントをキー
エディターで開いたところ。84小節の
部分ではピッチベンドの音程を上げ下げ
することでフレーズに変化を与えている

—— 「Solo Synth」のメロディーはどのように生まれたものなのでしょうか?

これは最初にもお話したように、制作した頃にちょうどアコギの弾き語りをやる機会が多くて、もともと歌のフェ
イクみたいな間奏を入れていたんですね。で、その歌のメロディーとうまく合うようなものを考えてできたものに
なります。なので、歌ありきで生まれたソロですね。ハモるようにしてあるので、歌と一緒に流れた時にいい感じ
に聴こえると思います。で、フレーズの最後はまたピッチベンドで「シーン」という感じに下げています。

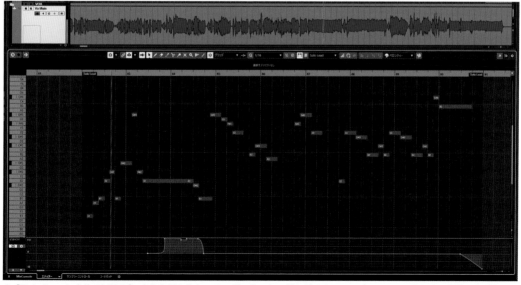

⬆「Solo Lead」全体のMIDIデータを表示したところ。ボーカルと一緒に聴くと、メロディーラインをうまく利用しながらハモ
るように作られていることがわかる

Chapter 7 マスタートラック編 – Timing（特別バージョン）–

楽曲の印象を左右する「マスタートラックに使われているエフェクト」が気になる読者も多いことだろう。「Timing（特別バージョン）」では、はたしてどのようなエフェクトが使用されているのか。マスタートラックへの信号の流れ（ルーティング）から話を聞いてみた。

──まず、マスタートラック「Stereo Out」へのルーティングについて教えてください。

はい。この曲では「RTM SE」、「DRUMS」、「BASS」、「AG」、「EG」、「SYNTH」、「VOX」というグループトラックを作って、そこで各出力をまとめたものが「Stereo Out」に送られています。基本的にどんな曲を作る場合でも、こうやって「効果音」、「ドラム」、「ベース」、「ギター」、「シンセ」、「歌」という単位でフォルダで分けたものをいったんグループトラックにまとめて、最終的にマスタートラックに送ることが多いですね。

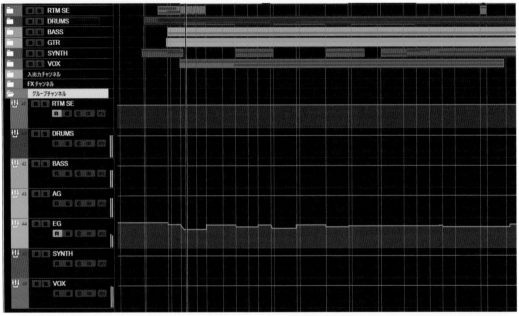

↑オレンジや赤、黄色、緑といったように各フォルダとグループトラックのカラーを揃えることで、信号の流れが視覚的にもわかりやすいのがCUTTさんのプロジェクトデータの特徴だ

──各パートをグループトラックでいったんまとめている理由は何ですか。

例えば、この曲でもグループトラックの「EG」で音量のオートメーションを書いてますが、グループでトラックが扱えるとやはりミックスしやすいですし、あとステムで書き出そうと思った時も対応しやすいです。特に今回のバージョン11では、書き出しの「キューに追加」が使えるので、これはかなり便利ですね。

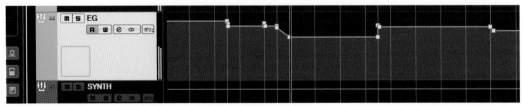

↑グループトラックの「EG」では音量のオートメーションが書かれている

——では、「Stereo Out」で使用しているエフェクトについて教えてください。

「Maximizer」と「SuperVision」ですね。

——「Maximizer」はどのような意図でかけているのでしょうか。

この曲は、キックなど、かなりダイナミックレンジを意識して作ってあるので、マキシマイザーを掛けなくてもいいいかなという気持ちもあったんですが、もう少し音量が稼げるかなと思って。「OUTPUT」を「0.0dB」、「OPTIMIZE」を「25.0%」にしてかけています。この状態で4つ打ちキックが鳴るサビで「GR」が「-3dB」くらい振れているんですが、意識としては単純に音量を上げているイメージです。今、世の中にリリースされている曲を考えると、まだまだ音圧は低い方だと思うんですけど、自分としてはこれくらいがベストかなという判断です。

← 「Maximizer」の「GR」はキックが入る部分で「-3dB」程度。CUTTさんいわく「この程度であれば、サビのメロディーもコンプレッション感がない状態で聴けると思う」とのことだ

——「SuperVision」に関しては？

僕が使ったのは「SuperVision」の中のスペクトラムアナライザーです。このアナライザーを通すとわかると思うんですが、この曲のロー感はキックなんですよね。キックが鳴ったタイミングで100Hz以下が動いて、キックがないところの低域はだいたい同じになっています。あとは全体のバランスですね。一般的に周波数が「右肩下がりになっているといい」とされているので、そうなっているかを最終確認しています。

↑ 「SuperVision」のスペクトラムアナライザーを見てみると、サビ部分を再生した際になだらかな右肩下がりになっていることがわかる

Chapter 7 特別ダウンロードコンテンツ その❷
JUVENILE『The Best Of You』について

JUVENILEさんが本書のために提供してくれた楽曲「The Best Of You」は、シンセやボコーダー的なサウンドを巧みに取り入れたダンスチューンだ。ここからは国内屈指のDJプロデューサーであるJUVENILEさんのトラックメイクに迫っていこう。

JUVENILE (ジュブナイル)

今までに手掛けてきた楽曲の YouTube 総再生数が1億回以上、「From Tokyo To The World」を掲げ "JUVENILE World" ともいうべき独自の City Musicを発信し続ける DJ/アーティスト。2020年12月23日に自身初のSession Album『INTERWEAVE』をリリースし、様々なアーティストをフィーチャーしたトラックが話題を呼んでいる

＜楽曲のダウンロード＆起動方法＞

↑ **ダウンロード先URL** https://musicmaster.jp/ftp/MM_C11Book_JUVENILE. zip にアクセスすると、「The Best Of You」のzipファイルがダウンロードできる（※URLにアクセスする際はアドレスの大文字と小文字の違いにご注意ください）

←ダウンロードされたzip（圧縮）ファイルを、Windowsでは右クリックメニューの「すべて展開」、Macではダブルクリックすることで展開（開く）する

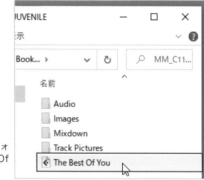

➡フォルダが展開されたらフォルダの中にある「The Best Of You」をダブルクリックしよう

↑すると、「The Best Of You」のプロジェクトが起動する

POINT JUVENILEさんが語る楽曲の制作秘話

—— 「The Best Of You」はどのように作られた曲なのでしょうか？

今回、自分の中で「Cubase 11の新サウンドライブラリーを使う」ということを課して作り始めたんです。なので、声ネタは「Bloom」ですし、シネマティックな素材は「Noir」、80sっぽいのは「Night Call Synthwave」、ビートは「Dancefloor Tech House」を使っています。

—— 具体的にはどのあたりから手をつけられたのですか？

「Dancefloor Tech House」というビートを聴いた時に、フューチャーベースの構想が浮かんだので、まずはその線でコード進行を考えていきました。コードは繰り返して聴いた時に気持ちがいいもの、そして歌やメロディーが付いても使いやすいように4小節単位のシンプルなものにしています。

—— コードは「F#maj7」「F7」「A#min7」「G#min7」「C#7」の繰り返しですよね。

はい。でも、実際に曲を作ったときのキーは「C」だったんです。それを1つ高い「C#」に移調して完成させています。

—— 移調させると大変じゃないですか？

いや、CubaseはオーディオやMIDIイベントを簡単に移調できるので、よくやります。単純に最初「C」で作れば、白鍵だけで演奏できるのでプレイがラクですし、付属されているボーカルのオーディオ素材も簡単に移調できますからね。ちなみに、今回の楽曲だと「hard piano」というトラックのMIDIイベント「HALion Sonic SE 01」を見てもらうと全部「C」で作っていることがわかると思います。それを「移調」の機能で「+1」にすることで、キーを「C#」に変えています。ボーカルの素材は元のキーが「F#m」だったので、最初は「C」に合わせるために「+3」にしておいて、最終的に「C#」にするために「+4」にしていますね。

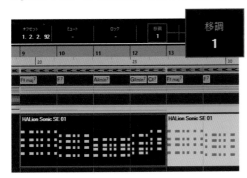

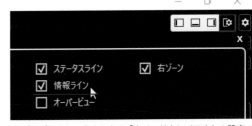

↑プロジェクトの右上にある「ウインドウレイアウトの設定で「情報ライン」にチェックを入れておくと、プロジェクト上部の情報エリアから移調が行なえるので便利だ

——移調の機能を使っていないMIDIイベントもありますよね？

そうですね。今回の楽曲でも「hard piano」のように「C」で作ったMIDIイベントを「移調」で「+1」にしているものもあれば、「main synth1」のトラックのように、作業中に打ち込んだMIDIデータをその場で「C#」になるように修正しているものもあります。

——この楽曲のどんな点に注目してもらいたいですか？

この曲はコードもループだし、フレーズも基本は同じループなんですけど、譜面では表せない音色であったり、ミックスの部分で特徴が出ていると思います。特に音圧に関して言えば、サードパーティー製のプラグインもある中で、Cubase11でもこれだけのことができるんだということが証明できたと思っています。

Chapter 7

イントロ編 - The Best Of You -

アナログレコードに針を落としたかのように始まるイントロは、カリンバとコードの音色が相まってデジタルの中にもどこか温かみを感じさせるものになっている。まずは、このイントロで使われている素材やエフェクト処理について聞いてみた。

──イントロでのアナログレコードのような質感が面白いですよね。

僕の最新アルバム『INTERWEAVE』でもやってて、マイブームなんですよ。この曲では「LoFi Dreams」の中にあったレコードのような波形「Lofi_Ambience_20_Vinyl_Crack_LD」を使っていて、これに楽曲の軸となるコードとメロディーが入ってきます。ただ、そのコードやメロディーはイントロ用に作ったわけではなくて、サビというか、楽曲のメインとなる部分からコピーして持ってきています。僕の場合、楽曲で一番盛り上がる部分から作っていくことが多いんですよね。

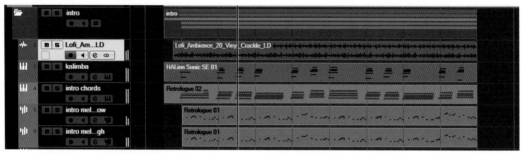

↑サビ部分のMIDIイベントを利用しつつ、アナログレコードのノイズなどを混ぜてイントロが作られている

──なるほど。では、サビで使っているフレーズをうまく利用しながらイントロを作っているわけですね。

はい。カリンバの音やサンプラートラックに声ネタを取り込んで鳴らしています。声ネタに関しては「intro melo low」と「intro melo high」という2つのサンプラートラックを使っていて、オクターブ違いで鳴らしています。

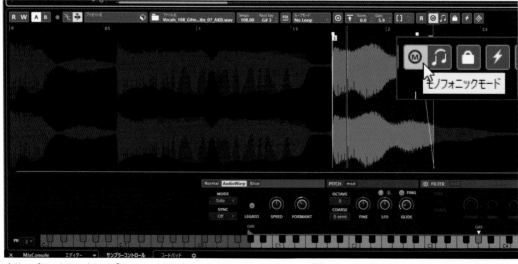

↑サンプラートラックには「Vocals_108_G#m_Adlibs_07_AKB.wav」が読み込まれ、後半部分の波形のみが利用されている。「AudioWarp」を選択して、モノフォニックモードをオンにしているのもポイントだ

──イントロ部分で行なっているエフェクト処理について教えてください。

まず、各トラックのルーティングですが、イントロで使っているトラックはすべて「intro」というグループトラックにまとめるようにしています。声ネタのサンプラートラック2つについては、いったん「intro vocalsampler」というグループトラックにまとめてから「intro」に行くようにしています。なぜそうしているかというと、声ネタだけには別のエフェクト「Pitch Correct」、「Bitcrusher」、「RoomWorks」を掛けたかったからです。「Pitch Correct」はピッチは変えずに、フォルマントをシフトしていますね。「Bitcrusher」は声をもっとアラしたかったので掛けてます。

ROUTING	ROUTING	ROUTING	ROUTING	ROUTING	ROUTING
Stereo In	All MIDI Inputs	All MIDI Inputs	All MIDI Inputs	All MIDI Inputs	
intro	intro	intro	intro vocalsampler	intro vocalsampler	intro
INSERTS	INSERTS	INSERTS	INSERTS	INSERTS	INSERTS
	MonoToStereo				Pitch Correct
	RoomWorks				Bitcrusher
					RoomWorks

➡MixConsoleのルーティングで確認できるように、「Lofi_Ambience_20_Vinyl_Crack_LD」や「kalimba」、「intro chords」といったトラックは直接、「intro melo low」や「intro melo high」といった声ネタのトラックは「intro vocalsampler」を経由して「intro」トラックにまとめられている

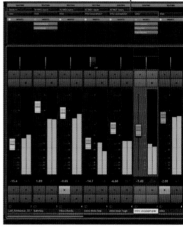

──フィルターが動くような効果も感じられましたが。

それはグループトラックの「intro」にあるEQのハイカット・フィルターのパラメーターを動かしているからですね。ハイカット・フィルターの開閉によって、曇った感じから徐々にサウンドが晴れていく効果を演出しています。

↑ グループトラックにまとめられたサウンドは、EQのハイカット・フィルターで動きを付けることで個性的なイントロへと変化している。まさに、同じフレーズでもアイディアひとつで変化を生み出せる好例だ

Chapter **7**

ビート / FX編 - The Best Of You -

ダンストラックの軸とも言えるビート。使用されている音色はもちろん、ビルドアップ部分における「スネアロールのピッチの上げ方」に関心がある方も多いのでは!? ここでは楽曲の要所に出てくるSE（効果音）も含めたビートメイクの手法について話を伺った。

── この楽曲のビートは、どのように作られたのでしょうか？

Cubaseでのビートの組み方は、Groove Agentを使ってMIDIで打ち込むとか色々とあると思うんですが、今回の楽曲では「Tech House」のライブラリーから4つ打ちのキック「Tech_House_Kick_24_BODTH」と、ビートのループ素材「Tech_House_Drum_Loop_02_125bpm_BODTH」を選んで並べていきました。「Tech_House_Drum_Loop_02_125bpm_BODTH」の方にもキックは入っているんですけど、軽いし、4つ打ちと同じタイミングで鳴るからいいかなという感じです。

── 「Tech_House_Drum_Loop_02_125bpm_BODTH」の方は、EQでハイを少しカットしていますよね？

そうですね。最終的に「Squasher」などをミックスで使って、この帯域がうるさく感じたからです。ここをEQでカットしたのは作業としては後の方だと思います。

── ビートとしては、その他に何を使われたのですか？

クラップ、シンバル、スネアですね。クラップとシンバルはそれぞれ「Night Call Synthwave」と「LoFi Dream」のライブラリーから直接波形をプロジェクトに貼っていますが、スネアに関してはGroove Agent SEに「Night Call Synthwave」のスネア（波形）を読み込んで、それをMIDIで打ち込んでいます。

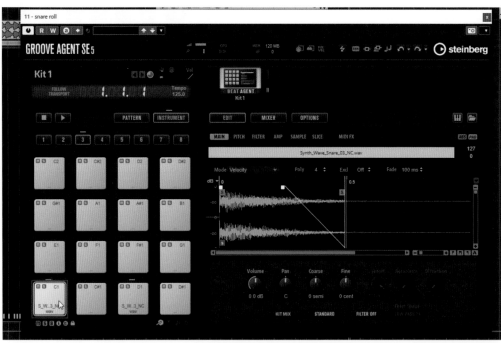

↑「snare roll」のインストゥルメントトラックからGroove Agent SEを起動すると、「C1」のパッドにスネアの波形「Synth_Wave_Snare_03_NC.wav」が読み込まれていることがわかる

――41小節目から始まるスネアのロールは、後半徐々にピッチが上がっていきますよね。

はい。これはバージョン11で新搭載されたピッチベンドを使って、スネアのピッチが徐々に上がるように書いています。ちなみに、スネアのフレーズ自体も単純に同じ音を連打するのではなく、メロディーに合わせて音程感のあるものにしています。あと、ビート系のトラックはすべて「beats」というグループトラックにまとめて、少しだけ迫力を加えるために「Tube Compressor」を掛けていますね。

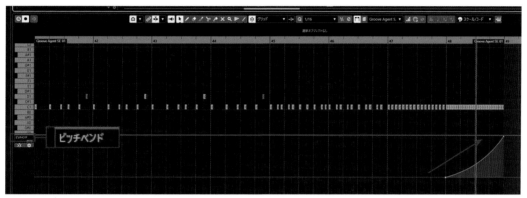

↑ピッチベンドを使ってスネアの音程を上げているところ。直線ではなく、曲線でカーブを描くことでよりピッチの上昇感が強調されている

あと、ビートに関して言えば「Tech_House_Drum_Loop_02_125bpm_BODTH」をサンプラートラックに読み込んで鳴らしているんですが、56小節目の後半でちょっと変わったフィルになるように打ち込みし直してます。サンプラートラックを使うと、こういったこともできるのでいいですね。

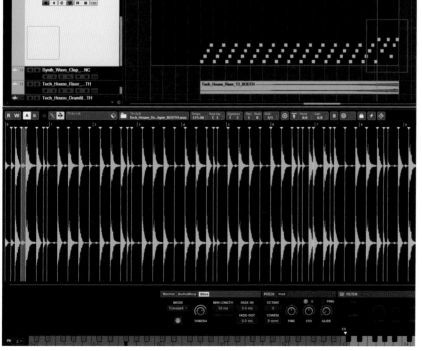

←56小節後半の「Tech_House_Drum_Loop_02_125bpm_BODTH」のMIDIイベントを見ると、フィルが打ち直されていることがわかる

──曲中ではFX的なサウンドも多用されていると思いましたが。

要所というか、セクションの頭に「ドーン」とか「シャーン」というSEを入れています。こういったサウンドはシンセで作ることも多いんですが、今回「Tech House」のライブラリーなどに入っているものを使っています。

↑「The Best Of You」で使用されているFX系のトラックを選択してみたところ。クラッシュなども含めると、10トラック近くのサウンドがトラックの要所で鳴っていることがわかる

──FX的なサウンドや効果を入れるコツがあれば教えてください。

効果音に関してはセクションごとに入れるものと、ここぞという時に使うものがあって、この楽曲では49小節目にピークを持ってくるように、ウァ〜ウァ、ウァ、ウァみたいな「Uplifter」系のSEをスネアロールのところにたくさん使っていますね。僕の中では、こういったビルドアップの手法にもレベルがあって、レベル1がキックの連打だとすると、次がスネアの連打、その次はクラップなどを利用しながら「Uplifter」系のSEを混ぜるとか。いずれにしても、曲中で同じようなビルドアップの仕方にならないように気をつけています。

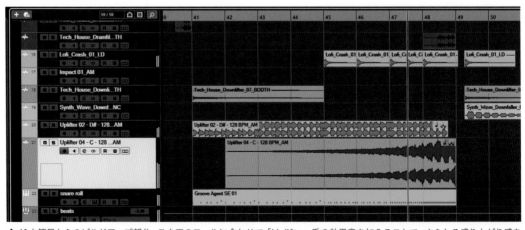

↑41小節目からのビルドアップ部分。スネアのロールに合わせて「Uplifter」系の効果音を加えることで、さらなる盛り上がり感を演出している

Chapter 7 ボーカル編 - The Best Of You -

チョップされた歌声、ボコーダーのような歌声など、「The Best Of You」で聴ける歌声はとても多彩で華やかだ。JUVENILEさんいわく、これらの歌声は「Pitch Correct」とMIDIトラックを組み合わせて作られているという。その制作手順は必見だ。

──9小節目から24小節目までのボーカルパートについて教えてください。

これは、その後に出てくる25小節目からのボーカルトラックをいったん書き出して、それを切り刻んで順番を入れ替えたものになります。ハサミで切って順番を入れ替える場合、のりツールで全体をつなげておくと別の位置に持っていきやすいんですよね。

──では、その25小節目から始まるメインのボーカルとボコーダーについて具体的に教えてください。

まず、「Vocal」というフォルダの中を見てもらうとわかるように、ライブラリーから「Vocals_120_F#m_Good Enough_Lead_01_AKB」というボーカル素材を貼って使っています（34番と35番のオーディオトラック参照）。今回、最終的にキーを「C#」にしたので、1つ目の34番のトラックでは移調の機能で「+4」になっていますが、最初「C」キーで作っていた時は「+3」にしていました。で、2つ目の35番のトラックはその1オクターブ下で鳴るように「-8」に移調されています（Cで作っていたときは「-9」）。これで、ボーカルがオクターブユニゾンの状態で鳴るようになります。

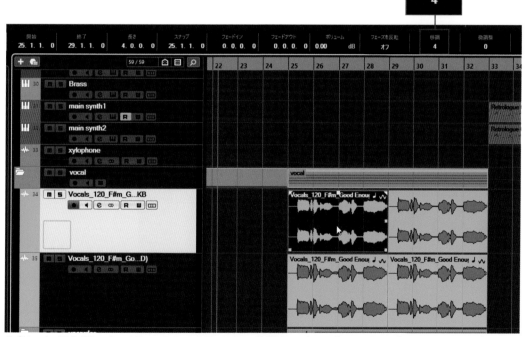

↑「Vocals_120_F#m_Good Enough_Lead_01_AKB」の波形はF#mなので「+4」、または「-8」にすることで「C#」のキーへ移調することができる（情報ラインでの「移調」の出し方はP.201を参照）

207

次に今回4声のボコーダーっぽいことがやりたかったので、「Pitch Correct」を設定したエフェクトトラックを4つ（「vocoder 1」～「vocorder 4」）作成して、34番の「Vocals_120_F#m_Good Enough_Lead_01_AKB」のオーディオトラックの信号をセンドで送ります。

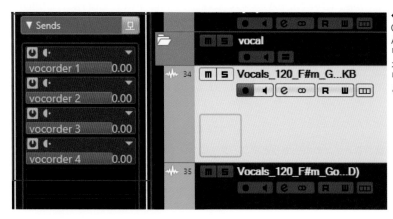

←34番の「Vocals_120_F#m_Good Enough_Lead_01_AKB」トラックのInspectorで「Sends」を表示すると、オーディオ信号が「vocoder 1」～「vocorder 4」に送られていることが確認できる

—— 「Pitch Correct」はどのような設定にしておくのですか？

「vocoder 1」～「vocorder 4」のInsertsに設定された4つの「Pitch Correct」ですが、「Scale Source」をすべて「External - MIDI Note」にしておきます。で、「Speed」と「Tolerance」の値はともに「100」ですね。これでMIDIトラックを作ってアウトプットのルーティングを変更すれば、MIDIノートの位置にボーカル素材の音程を移動できるようになります。メロディーに対して、平坦な白玉の音符のコード（構成音）をMIDIで鳴らすことで、機械チックな歌声を作り出しているわけです。

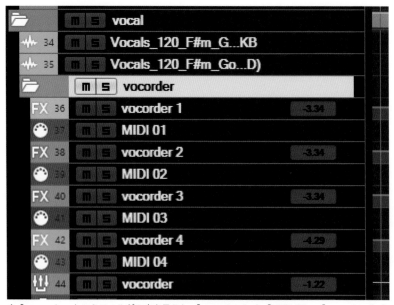

↑「vocorder」というフォルダの中を見ると、「vocoder 1」と「MIDI 01」、「vocoder 2」と「MIDI 02」、「vocoder 3」と「MIDI 03」、「vocoder 4」と「MIDI 04」という具合に、4つのエフェクトトラックとMIDIトラックがセットになっていることがわかる

【設定の手順】

↑4つのエフェクトトラック（「vocoder 1」〜「vocorder 4」）それぞれの「Pitch Correct」の「Scale Source」を「External - MIDI Note」にしておく

← 「MIDI 01」〜「MIDI 04」の各MIDIトラックのアウトプット先を「vocoder 1」〜「vocoder 4」の「Pitch Correct」に変更する

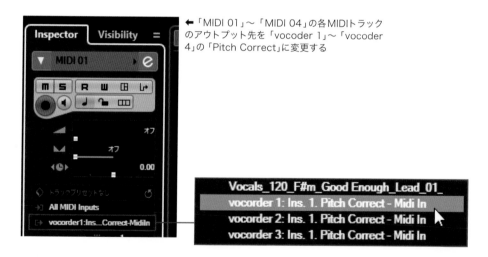

↑すると、「MIDI 01」〜「MIDI 04」で打ち込んだMIDIノートの音程で、ボーカルを歌わせることができる

── ボーカルやボコーダーのトラックは、最終的に「vocal」というグループチャンネルにまとめられていますが、ここで行なったエフェクト処理についても教えてください。

バスでまとめた「vocal」では、「REVelation」、「DeEsser」、「Squasher」、「PingPongDelay」、「REVelation」がかかっています。

──「REVelation」が2回使われているんですね。

はい。最初の「REVelation」でちょっと響きを足してあげます。で、声がキンキンとうるさいところがあったので、次に「DeEsser」を掛けてます。

← 「Solo」ボタンを押すと、「DeEsser」で削ったサウンドをソロ状態で確認することができる。JUVENILEさんいわく、「DeEsser」は感覚的に使っているという

で、3つ目の「Squasher」で音を持ち上げるというか、トータルコンプみたいな感じですね。今回は「Vocal Magic」というプリセットを使ってみたんですけど、まさにプリセットの名前の通りかけるだけで良くなりますね。そして、4つ目に掛けているのが「PingPongDelay」です。最近僕はディレイをセンドで掛けることが少なくなってきてて、マシンパワーが上がってきたというのもあるかもしれませんが、インサートでディレイを掛けることが増えてますね。ここでは付点8分のディレイタイムを設定しています。MIXの値は「9.0%」です。

↑「PingPongDelay」の「MIX」の値は「9.0%」。うっすらとディレイの掛かる設定だ

最後の「REVelation」は「ザ・リバーブ」って感じのプレートリバーブですね。1つ目に掛けた「REVelation」が同じ場所でボーカリストたちが歌う「音をまとめる目的」だとすると、これは「ちゃんと響かせる」ために使っています。ただ意外と1つ目のリバーブが重要で、これがないとリバーブがうまくまとまらないことも多いんですよね。

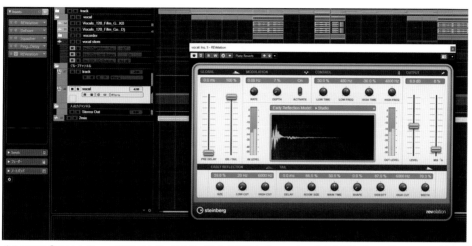

↑1つ目の「REVelation」で音をまとめ、この5つ目の「REVelation」でしっかりと響かせるのがJUVENILE流のボーカルミックス・テクニックだ

—— **エフェクトと言えば、9小節から始まるボーカルにもオートメーションが掛かっていますよね。**

この「vocal stem」というトラックにも「Pitch Correct」が掛かっていて、フォルマントの「Shift」を「−15」にすることでサウンドをまずは汚しています。で、それに「DualFilter」と「StudioEQ」が加えてあって、フィルターと音量のオートメーションが設定されています。

↑「Pitch Correct」は、フォルマントを「-15」にすることで25小節目から始まるメインボーカルとの差別化を図っている。また「DualFilter」は、「POSITION」の値を動かすことでサウンドが有機的に変化するように設定している

—— **ボーカルの音量を「StudioEQ」でオートメーション化している理由というのは？**

MixConsoleのフェーダーをいつでも触れるようにしておきたいからです。もともと僕はミックスする時もフェーダーだけはオートメーション化しないことが多いんですよ。で、それ以外に音量をオートメーション化させる方法として「StudioEQ」の「OUTPUT」を利用しているわけです。僕の知り合いのエンジニアにも、フェーダーは一切触れずにこういう部分だけで各パートの音量をコントロールしている方は結構いますね。

ピアノ編 - The Best Of You -

Chapter 7

9小節目から始まるピアノのコードは、その後、4小節のループとして楽曲の最後まで繰り返されることになる。しかし、このピアノのコードを聴いていて飽きることはない。「なぜ、飽きがこないのか?」ここでは、その秘密をJUVENILEさんに公開してもらった。

──24番のピアノのトラックについて教えてください。

この「hard piano」は、「HALion Sonic SE」の「Chart Dance Piano」という音色でコードを鳴らしているんですが、まずオーディオInsertsに「Compressor」が掛かっていて、このコンプにサイドチェインが設定されています。で、サイドチェインの入力に使っているのが1番目のトラック「sidechain kick」になりますね。「sidechain kick」に使ったキックはライブラリーにあった「Tech_House_Kick_24_BODTH」で、これを4つ打ちになるように並べて、最終的にのりツールで4小節ループになるようにつなげています。

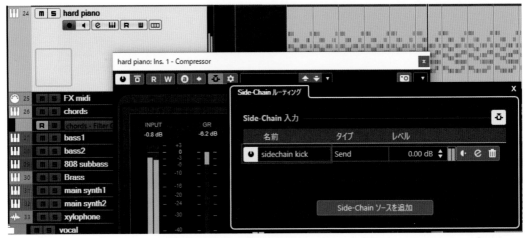

⬆「Compressor」は「Side-Chain」がオンになっており、「Side-Chainルーティング」を開くと、入力ソースとして「sidechain kick」が設定されていることがわかる

──この「sidechain kick」のキックは、音は出ない状態なんですね。

はい。「sidechain kick」のInspectorを見てもらうとわかると思いますが、アウトプットは「No Bus」を選んでいて、「Sends」経由で「hard piano」の「Compressor」に信号を送っています。

➡「sidechain kick」のInspectorを開くと、アウトプットに「No Bus」、「Sends」には「hard piano：Ins.1 Compressor」が設定されている。これでキックの4つ打ちの音を表に出すことなく、サイドチェインによる「ダッキング」(4つ打ちのタイミングでコンプが掛かる効果)をピアノに与えている

—— 「hard piano」には、「Compressor」以外に「DualFilter」と「LoopMash FX」も掛かっていますね。

はい。「DualFilter」は時間軸で動くように設定しているんですが、これはアレンジ上の問題ですね。25小節に向けてだんだんと音の輪郭が見えてくるようにして、その後は少し閉じてまた開くようにしています。同じコード進行をループしているだけなんですけど、これだけで飽きのこないフレーズになるんですよね。

—— 「LoopMash FX」に関しては、どのような使い方を？

「LoopMash FX」は、MIDIトラックと組み合わせて使っていて、ここでは「FX midi」というMIDIトラックのアウトを「LoopMash FX」に割り当てています。「LoopMash FX」には、リバースやスタッターなどのエフェクトが用意されているんですけど、今回は「A2」のMIDIノートに割り当てられている「Tapestop 1」を48小節目と96小節目の後半で使ってみました。

➡MIDIトラックの「FX midi」のInspector を確認すると、アウトプットに「hard piano：Ins.3 LoopMash FX」が設定されていることがわかる

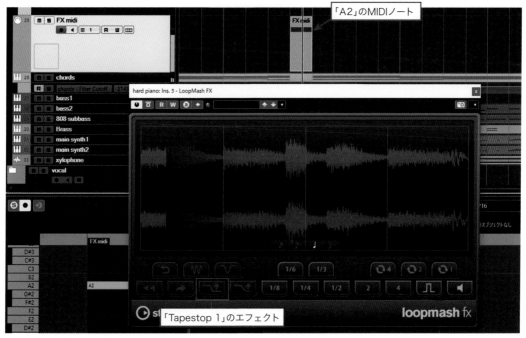

↑「LoopMash FX」に搭載されているエフェクトは、MIDIノートで切り替え可能だ。今回の楽曲では「FX midi」の48小節目と96小節目に「A2」のMIDIノートを入力することで、「hard piano」に「Tapestop 1」のエフェクトが掛けられている

Chapter 7 シンセサイザー/ベース編 - The Best Of You -

「The Best Of You」では、コードを鳴らすシンセやメインのシンセ、ベースに使われているシンセなど、とても多くのシンセが用いられている。特に「Retrologue」でレイヤーされているメインのシンセと「808 subbass」の作り方は要チェックだ。

—— シンセというと、まずは「Chords」というトラックがありますね。

はい。9小節から入ってきますね。この「Chords」は名前の通りコードを白玉で鳴らしています。音色は「Retrologue」で、「Default」から自分で作ったものです。先ほどお話した「hard piano」と同様、これも同じ4小節の繰り返しなので「Retrologue」の「CUTOFF」のパラメーターをオートメーションさせて動きを出しています。

↑「Chords」トラックのオートメーショントラックを表示すると、「Retrologue」のフィルター「CUTOFF」が緩やかに上下していることがわかる

—— このコードのトラックは、EQ処理もされているようですね。

結構下の成分も出ていたので、EQでローカットしています。曲の構成上、この後にベースやメインのシンセも出てきますから。

➡「Chords」トラックのEQを確認すると、「295.5Hz」付近で「-2.6dB」、「100.0Hz」以下も大胆にローカットされている

——では、33小節目から始まるメインのシンセについて教えてください。

メインのシンセは「main synth1」と「main synth2」なんですけど、どちらも「Retrologue」で鳴らしてレイヤーしています。音色としては「main synth1」が「Traditional Trance」、「main synth2」は「Default」から自分で作ったものですね。「Traditional Trance」と比べて、「Default」のオシレーターはオクターブ下になっています。「main synth2」はバリバリっとした感じに荒らしたくて「Bitcrusher」を掛けています。

↑画面左が「Traditional Trance」のオシレーターで「OSC 1」の「OCTAVE」は「8」、「OSC 2」の「OCTAVE」が「16」になっているのに対し、画面右の「Default」のオシレーターは「OSC 2」の「OCTAVE」は「16」、「OSC 3」の「OCTAVE」が「32」となっている

——ベースに関しては「bass1」、「bass2」、「808 subbass」の3つのトラックが使われていますよね。

はい。実は最初に作ったのは「bass2」のトラックにあるMIDIイベント（bass1）で、ピアノのコードに対して歯切れのいいベースにしたかったんですよ。で、音色として「Retrologue」の「Italo Bass」を選んで弾いたんですけど、自分としてはもっと左右に広がりのある音が欲しくて。それでオシレーター2のTYPEに「Multi」を追加してディチューンさせたり、ディレイをオフにしたり、ちょっとエディットしました。そして、新プラグインの「Imager」でさらに広げています。

←「bass2」のベースは「Imager」で広がり感が強調されている。「WIDTH」の値は、赤の低域「125％」、青い中低域「150％」、緑の中高域が「200％」だ

—— 「bass1」と「bass2」でトラックを分けている理由というのは?

音色が違います。「bass2」の音は歯切れの良いもので、「bass1」は伸ばして使う音として選んでいます。

—— 「bass2」と「808 subbass」は同時に使われていると思いますが、その意図は?

「bass2」は音を広げたかったんですが、そうすると真ん中にベースがなくなってしまうわけです。それで、ルートを支えるようにロングトーンにした「808 subbass」を足しています。

↑「bass2」の細かなフレーズに対して「808 subbass」のMIDIイベントを見ると、4分音符の長めのノートであることが確認できる

—— 「808 subbass」の音作りについても教えてください。

「808 subbass」は「Retrologue」で1から自分で作ったんですが、手順としてはまずサイン波を選んで、少し歪ませたいので「Distortion」を掛けます。で、「Squasher」で低域を強調して、逆に高域は出ないように叩いて。最後にもう一回「Quadrafuzz v2」で歪ませています。中域を歪ませないと音程感が出ないんで、「Quadrafuzz v2」を使うのも重要ですね。

↑「Quadrafuzz v2」では、JUVENILEさんのコメントにもあるように中域のみ「DIST」が掛けられている

──**49小節目から入ってくるシロフォンやブラスについても教えてください。**

シンセの音にコロコロとした感じも加えたかったのでシロフォンを足しています。ここではオーディオに書き出していますが、元は「HALion 6」の音です（33番のオーディオトラック「xylophone」）。確か、元の音が左右のどちらかに寄っていたので、それを「Imager」を使ってセンターにくるようにしてから書き出しました。

──**ドロップでのブラスの音も効果的ですよね。**

はい。「HALion Sonic SE」の「Brass Fanfare」という音色で鳴らしているんですが、こういうのってTRAPとかで耳にすることが多いと思います。オケヒ（オーケストラル・ヒット）みたいな音ですね。基本的に小節頭にアクセントとして入れています。

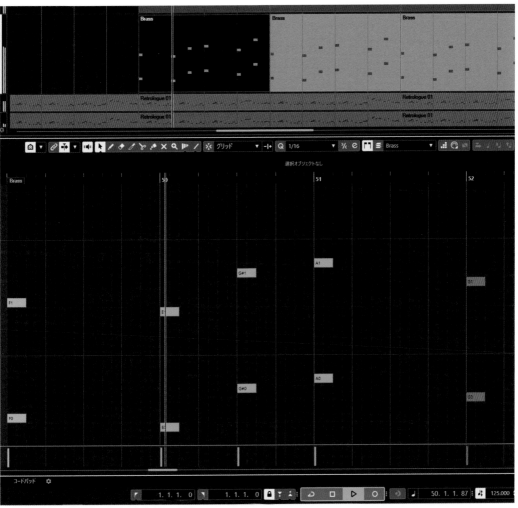

↑ TRAPなどで聴くことが多い「Brass」の音は、コード進行において重要とされるルートや7thの音を小節頭などにオクターブで打ち込んである

マスタートラック編 - The Best Of You -

インパクトが求められるダンス系のトラックは、必然的に音圧／音量が大きいものが多い。ただ、無理に音圧を求めることで楽曲のニュアンスが壊れてしまうケースもある。はたしてJUVENILEさんはマスタートラックにどのようなエフェクトを掛けているのだろうか!?

―― まず、マスタートラック「Stereo Out」へのルーティングについて教えてください。

今回の曲では「vocal stem」、「track」、「vocal」というグループトラックに各トラックの出力をまとめて、それを最終的に「Stereo Out」に送っています。

―― 「Stereo Out」にはかなり多くのエフェクトが掛かっていますね。

そうですね。「Tube Compressor」、「Imager」、「Frequency2」、「MultibandCompressor」、「Maximizer」、「SuperVision」の6つが掛かっています。

―― 最初の「Tube Compressor」の意図というのは？

これは軽くドライブさせて、サウンドをまとめるためですね。アタックは早めでリリースは遅めで、本当にちょっとしか掛けていません。

―― 次の「Imager」ではどのようなことを？

高域にいくにつれて、ステレオ感を広げるような処理をしています。「WIDTH」の値を見てもらうとわかると思いますが、赤い低域から黄色の高域にいくにつれて「100%」から「180%」へと数値を上げています。これで真ん中にいて欲しいキックやベースの低域はセンターに、SEやボーカルのリバーブ成分といった高域はより広がるようになります。

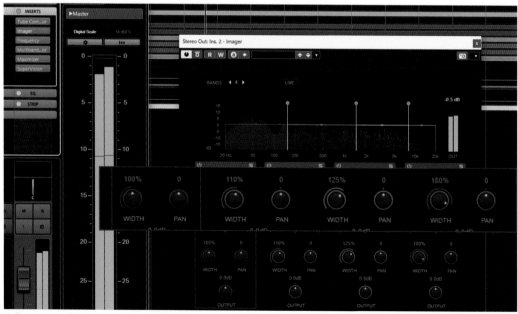

↑「Imager」の「WIDTH」は、赤い低域が「100%」、青い中低域が「110%」、緑の中高域が「125%」、黄色の高域は「180%」に設定されている

──「Frequency2」で行なったことについても教えてください。

ここでは主にちょとだけ飛び出ている帯域をピンポイントで削っています。普通のEQだと、カットやブーストをしたらしっぱなしですけど、この「Frequency2」では各バンドに新搭載されたダイナミックEQを有効にすることで、その音がきたときだけEQが掛かるのでいいですね。マスタートラックなので、あくまでも微調整するレベルです。

──「MultibandCompressor」に関しては？

サウンドを整える目的ですね。マルチバンドでかけているのに意味があって、低い音ほどアタックを遅く、高い音ほどアタックが早い設定になっていて、一般的に良い2ミックスと言われる「なだらかな右下がり」になるように、高域の方をほんの少しだけつぶしています。

──「Maximizer」についてはいかがでしょうか。

僕の場合、「OUTPUT」を「-0.2dB」にしておいて、どれだけ音圧を上げてもここで止まるようにしています。ただ、どれだけといっても限度があって、2ミックスのニュアンスが崩れないように「GR（ゲインリダクション）」が「-3〜-4dB」程度ですかね。それを目安に「OPTIMIZE」のツマミを調整しています。

➡音圧アップに欠かせない「Maximizer」。この楽曲では「OPTIMIZE」は「33.0％」となっている

──最終的に「SuperVision」でも確認されていますよね。

はい。バージョン11で新搭載されたやつでカッコいいですね（笑）。周波数とかもこれだけ細かく表示されるのはすごいです。ちなみに、マスタートラック「Stereo Out」の「INSERTS」のバイパススイッチを押しても、この「SuperVision」だけは残ってくれるんですよね。エフェクトを掛ける前と後の比較をしやすくするためだと思うんですけど、こういった細かい使い勝手もすごく考えられているなと思います。

➡「Stereo Out」の「INSERTS」をバイパスしたところ。このように「SuperVision」だけはオフされない仕組みになっている

最後にCUTTさんとJUVENILEさんにCubase11で作業する際によく使うショートカットについて聞いてみた。2人がよく使用するショートカットのベスト5は以下の通りだ。

CUTT

僕は自分でショートカットをカスタマイズして割り当てて使うことが多いんです。一番多く使うのは「インプレイスレンダリング」で、「shift」+「R」を押せば、すぐにMIDIをオーディオに変えられるようにしています。あと、「shift」と数字の1〜4で、グリッドの間隔を1/4、1/8、1/16、1/32にすぐに変更できるようにしています。キーエディターなどでフレーズを打ち込む際は、このショートカットがあるだけで随分と作業効率が上がりますね。

❶ **「shift」+「R」**（インプレイスレンダリング）
❷ **「command」+「B」**（選択イベントから独立ファイルを作成）
❸ **「command」+「E」**（書き出し「オーディオミックスダウン」）
❹ **「T」**（VariAudioの「ピッチをクオンタイズ」）
❺ **「shift」+「1〜4」**（MIDIのクオンタイズプリセット）

上記のショートカットは、すべてCubase11のデフォルトでは設定されていません。
「編集」メニュー→「キーボードショートカット」でCUTTさんが割り当てて使用しているものです。

JUVENILE

左右の拡大／縮小の「G」と「H」はダントツでよく使っています。「shift」と組み合わせて、トラックの上下の拡大／縮小も使う頻度は高いですね。あと、Cubaseでは意外とショートカットが割り当てられていないものもあって、僕の場合、アクセスする機会の多い「インストゥルメントを編集」や「チャンネル設定の編集」に関しては自分の好きなキーにアサインして使っています。「キーボードショートカット」では、やりたい操作を言葉で検索することもできるので、例えば「チャンネル設定の編集」と検索して任意のキーを登録する感じですね。

❶ **「G」または「H」**（左右のズームイン／ズームアウト）
❷ **「shift」+「G」または「H」**（上下のズームイン／ズームアウト）
❸ **イベントを「P」で選択して「/」**（選択したイベントをループ）
❹ **「3」と「4」**（「分割」ツールと「のり」ツール）
❺ **「I」や「F6」**（インストゥルメントを編集）／**「E」**（チャンネル設定の編集）

⑤のショートカットは、Cubase11のデフォルトでは設定されていません。
「編集」メニュー→「キーボードショートカット」でJUVENILEさんが割り当てて使用しているものです。

Special Index
スペシャル
インデックス

Special Index

──スネアにはエフェクトも掛かっていますよね？

そうですね。この「Intro Snare Amb」と「Intro Snare」の2つのトラックは、「Intro Snare GRP」というグループトラックにいったんまとめて、そこで「Quadrafuzz v2」を掛けています。

↑「Quadrafuzz v2」でスネアの音をあえて汚して、イントロダクションと本編との違いを出している

──イントロで鳴っているメロディーの音は、どのように作られたのですか？

これは単体売りされている「HALion Sonic」の音色をいくつか重ねて作ったものです。このプロジェクトでは「Toy Piano」というトラックで「HALion Sonic SE 02」というオーディオイベントに書き出されていますが、アタック感を出すための音、音程感を出すための音など、3つくらいのベルの音を組み合わせて作りました。

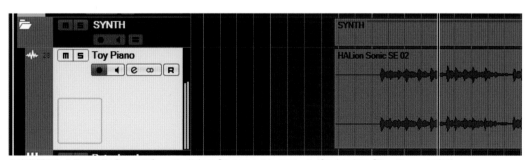

↑楽曲冒頭から始まるサビのメロディーは、紫色の「SYNTH」というフォルダの中にある「Toy Piano」の音だ

──サビの部分でのベースはいかがですか？

サビの部分で「休符」を使うと、今度はそっちに耳が持っていかれるので、この曲では逆に「休符」を使わないようにしています。なので、「A」、「B」、「C（サビ）」で、それぞれベースの役割がちょっとずつ変わっていると思います。

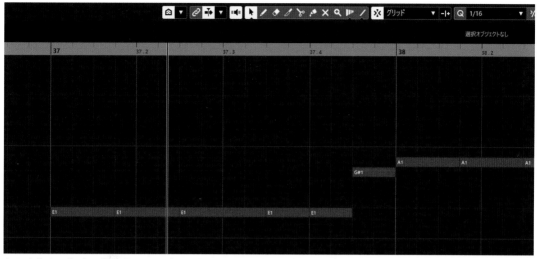

⬆37小節目の「C（サビ）」部分のMIDIデータ。「休符」を入れずにベースの疾走感を出すことで、結果としてサビのメロディーに耳が集中するように仕向けている

──ベースに掛かっている「Frequency2」についても教えてください。

ここでも「Frequency2」のダイナミックEQを使っていて、サイドチェインの入力元として「kick」と「4kick」を設定しています。キックのタイミングで、ベースのローのみが減るという使い方ですね。具体的には、「Frequency2」のバンド1のダイナミックEQが有効になっていて、200Hz以下がガッツリと減る感じですね。これで、キックのロー感を失うことなくベースを鳴らすことができています。

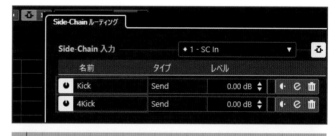

➡ ベースの「Frequency2」を見ると、キックの発音タイミングに合わせて低域がカットされていることがわかる

——では、「Stereo Out」で使用しているエフェクトについて教えてください。

「Maximizer」と「SuperVision」ですね。

——「Maximizer」はどのような意図でかけているのでしょうか。

この曲は、キックなど、かなりダイナミックレンジを意識して作ってあるので、マキシマイザーを掛けなくてもいいかなという気持ちもあったんですが、もう少し音量が稼げるかなと思って。「OUTPUT」を「0.0dB」、「OPTIMIZE」を「25.0%」にしてかけています。この状態で4つ打ちキックが鳴るサビで「GR」が「-3dB」くらい振れているんですが、意識としては単純に音量を上げているイメージです。今、世の中にリリースされている曲を考えると、まだまだ音圧は低い方だと思うんですけど、自分としてはこれくらいがベストかなという判断です。

← 「Maximizer」の「GR」はキックが入る部分で「-3dB」程度。CUTTさんいわく「この程度であれば、サビのメロディーもコンプレッション感がない状態で聴けると思う」とのことだ

——「SuperVision」に関しては？

僕が使ったのは「SuperVision」の中のスペクトラムアナライザーです。このアナライザーを通すとわかると思うんですが、この曲のロー感はキックなんですよね。キックが鳴ったタイミングで100Hz以下が動いて、キックがないところの低域はだいたい同じになっています。あとは全体のバランスですね。一般的に周波数が「右肩下がりになっているといい」とされているので、そうなっているかを最終確認しています。

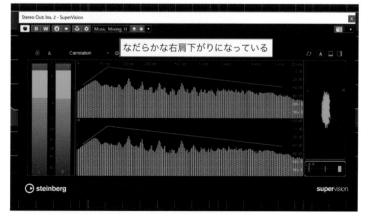

↑「SuperVision」のスペクトラムアナライザーを見てみると、サビ部分を再生した際になだらかな右肩下がりになっていることがわかる

POINT JUVENILEさんが語る楽曲の制作秘話

── 「The Best Of You」はどのように作られた曲なのでしょうか？

今回、自分の中で「Cubase 11の新サウンドライブラリーを使う」ということを課して作り始めたんです。なので、声ネタは「Bloom」ですし、シネマティックな素材は「Noir」、80sっぽいのは「Night Call Synthwave」、ビートは「Dancefloor Tech House」を使っています。

── 具体的にはどのあたりから手をつけられたのですか？

「Dancefloor Tech House」というビートを聴いた時に、フューチャーベースの構想が浮かんだので、まずはその線でコード進行を考えていきました。コードは繰り返して聴いた時に気持ちがいいもの、そして歌やメロディーが付いても使いやすいように4小節単位のシンプルなものにしています。

── コードは「F#maj7」「F7」「A#min7」「G#min7」「C#7」の繰り返しですよね。

はい。でも、実際に曲を作ったときのキーは「C」だったんです。それを1つ高い「C#」に移調して完成させています。

── 移調させると大変じゃないですか？

いや、CubaseはオーディオやMIDIイベントを簡単に移調できるので、よくやります。単純に最初「C」で作れば、白鍵だけで演奏できるのでプレイがラクですし、付属されているボーカルのオーディオ素材も簡単に移調できますからね。ちなみに、今回の楽曲だと「hard piano」というトラックのMIDIイベント「HALion Sonic SE 01」を見てもらうと全部「C」で作っていることがわかると思います。それを「移調」の機能で「＋1」にすることで、キーを「C#」に変えています。ボーカルの素材は元のキーが「F#m」だったので、最初は「C」に合わせるために「＋3」にしておいて、最終的に「C#」にするために「＋4」にしていますね。

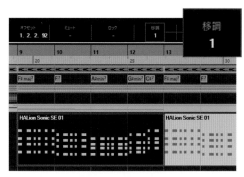
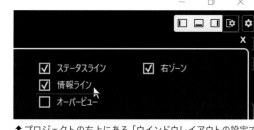

↑プロジェクトの右上にある「ウインドウレイアウトの設定で「情報ライン」にチェックを入れておくと、プロジェクト上部の情報エリアから移調が行なえるので便利だ

── 移調の機能を使っていないMIDIイベントもありますよね？

そうですね。今回の楽曲でも「hard piano」のように「C」で作ったMIDIイベントを「移調」で「＋1」にしているものもあれば、「main synth1」のトラックのように、作業中に打ち込んだMIDIデータをその場で「C#」になるように修正しているものもあります。

── この楽曲のどんな点に注目してもらいたいですか？

この曲はコードもループだし、フレーズも基本は同じループなんですけど、譜面では表せない音色であったり、ミックスの部分で特徴が出ていると思います。特に音圧に関して言えば、サードパーティー製のプラグインもある中で、Cubase11でもこれだけのことができるんだということが証明できたと思っています。

Chapter

7

イントロ編 - The Best Of You -

アナログレコードに針を落としたかのように始まるイントロは、カリンバとコードの音色が相まってデジタルの中にもどこか温かみを感じさせるものになっている。まずは、このイントロで使われている素材やエフェクト処理について聞いてみた。

──イントロでのアナログレコードのような質感が面白いですよね。

僕の最新アルバム『INTERWEAVE』でもやってて、マイブームなんですよ。この曲では「LoFi Dreams」の中にあったレコードのような波形「Lofi_Ambience_20_Vinyl_Crack_LD」を使っていて、これに楽曲の軸となるコードとメロディーが入ってきます。ただ、そのコードやメロディーはイントロ用に作ったわけではなくて、サビというか、楽曲のメインとなる部分からコピーして持ってきています。僕の場合、楽曲で一番盛り上がる部分から作っていくことが多いんですよね。

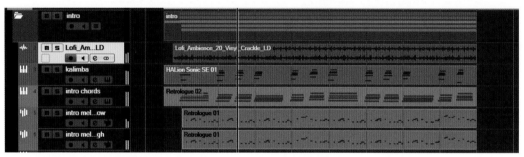

↑サビ部分のMIDIイベントを利用しつつ、アナログレコードのノイズなどを混ぜてイントロが作られている

──なるほど。では、サビで使っているフレーズをうまく利用しながらイントロを作っているわけですね。

はい。カリンバの音やサンプラートラックに声ネタを取り込んで鳴らしています。声ネタに関しては「intro melo low」と「intro melo high」という2つのサンプラートラックを使っていて、オクターブ違いで鳴らしています。

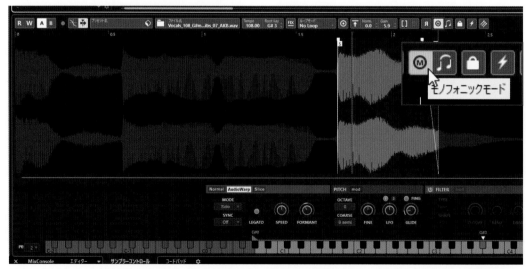

↑サンプラートラックには「Vocals_108_G#m_Adlibs_07_AKB.wav」が読み込まれ、後半部分の波形のみが利用されている。「AudioWarp」を選択して、モノフォニックモードをオンにしているのもポイントだ

──曲中ではFX的なサウンドも多用されていると思いましたが。

要所というか、セクションの頭に「ドーン」とか「シャーン」というSEを入れています。こういったサウンドはシンセで作ることも多いんですが、今回「Tech House」のライブラリーなどに入っているものを使っています。

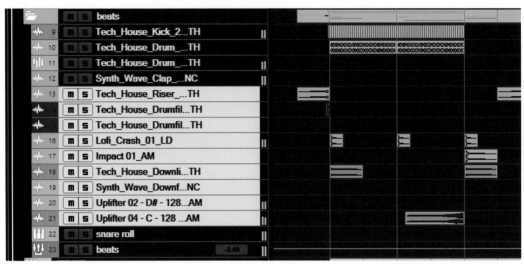

↑「The Best Of You」で使用されているFX系のトラックを選択してみたところ。クラッシュなども含めると、10トラック近くのサウンドがトラックの要所で鳴っていることがわかる

──FX的なサウンドや効果を入れるコツがあれば教えてください。

効果音に関してはセクションごとに入れるものと、ここぞという時に使うものがあって、この楽曲では49小節目にピークを持ってくるように、ウァ〜ウァ、ウァ、ウァみたいな「Uplifter」系のSEをスネアロールのところにたくさん使っていますね。僕の中では、こういったビルドアップの手法にもレベルがあって、レベル1がキックの連打だとすると、次がスネアの連打、その次はクラップなどを利用しながら「Uplifter」系のSEを混ぜるとか。いずれにしても、曲中で同じようなビルドアップの仕方にならないように気をつけています。

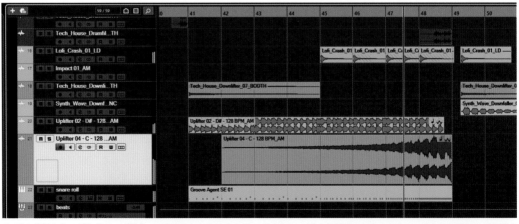

↑41小節目からのビルドアップ部分。スネアのロールに合わせて「Uplifter」系の効果音を加えることで、さらなる盛り上がり感を演出している

最後の「REVelation」は「ザ・リバーブ」って感じのプレートリバーブですね。1つ目に掛けた「REVelation」が同じ場所でボーカリストたちが歌う「音をまとめる目的」だとすると、これは「ちゃんと響かせる」ために使っています。ただ意外と1つ目のリバーブが重要で、これがないとリバーブがうまくまとまらないことも多いんですよね。

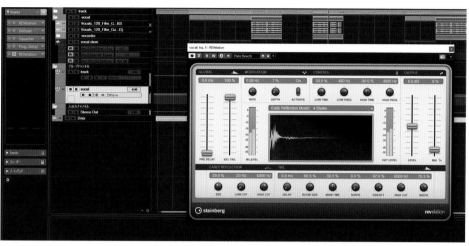

↑1つ目の「REVelation」で音をまとめ、この5つ目の「REVelation」でしっかりと響かせるのがJUVENILE流のボーカルミックス・テクニックだ

──エフェクトと言えば、9小節から始まるボーカルにもオートメーションが掛かっていますよね。

この「vocal stem」というトラックにも「Pitch Correct」が掛かっていて、フォルマントの「Shift」を「-15」にすることでサウンドをまずは汚しています。で、それに「DualFilter」と「StudioEQ」が加えてあって、フィルターと音量のオートメーションが設定されています。

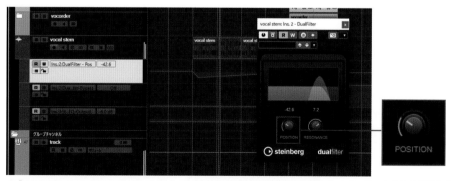

↑「Pitch Correct」は、フォルマントを「-15」にすることで25小節目から始まるメインボーカルとの差別化を図っている。また「DualFilter」は、「POSITION」の値を動かすことでサウンドが有機的に変化するように設定している

──ボーカルの音量を「StudioEQ」でオートメーション化している理由というのは？

MixConsoleのフェーダーをいつでも触れるようにしておきたいからです。もともと僕はミックスする時もフェーダーだけはオートメーション化しないことが多いんですよ。で、それ以外に音量をオートメーション化させる方法として「StudioEQ」の「OUTPUT」を利用しているわけです。僕の知り合いのエンジニアにも、フェーダーは一切触らずにこういう部分だけで各パートの音量をコントロールしている方は結構いますね。

—— 「hard piano」には、「Compressor」以外に「DualFilter」と「LoopMash FX」も掛かっていますね。

はい。「DualFilter」は時間軸で動くように設定しているんですが、これはアレンジ上の問題ですね。25小節に向けてだんだんと音の輪郭が見えてくるようにして、その後は少し閉じてまた開くようにしています。同じコード進行をループしているだけなんですけど、これだけで飽きのこないフレーズになるんですよね。

—— 「LoopMash FX」に関しては、どのような使い方を？

「LoopMash FX」は、MIDIトラックと組み合わせて使っていて、ここでは「FX midi」というMIDIトラックのアウトを「LoopMash FX」に割り当てています。「LoopMash FX」には、リバースやスタッターなどのエフェクトが用意されているんですけど、今回は「A2」のMIDIノートに割り当てられている「Tapestop 1」を48小節目と96小節目の後半で使ってみました。

➡MIDIトラックの「FX midi」のInspector
を確認すると、アウトプットに「hard
piano：Ins.3 LoopMash FX」が設定されて
いることがわかる

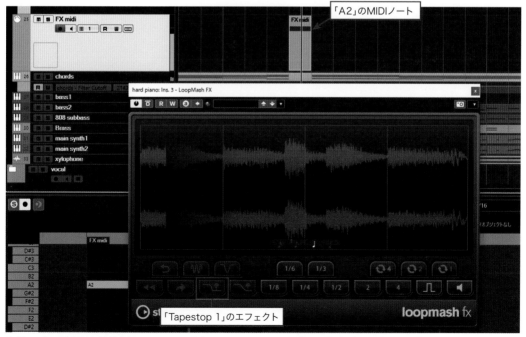

⬆「LoopMash FX」に搭載されているエフェクトは、MIDIノートで切り替え可能だ。今回の楽曲では「FX midi」の48小節目と96小節目に「A2」のMIDIノートを入力することで、「hard piano」に「Tapestop 1」のエフェクトが掛けられている

Chapter 7

シンセサイザー/ベース編 - The Best Of You -

「The Best Of You」では、コードを鳴らすシンセやメインのシンセ、ベースに使われているシンセなど、とても多くのシンセが用いられている。特に「Retrologue」でレイヤーされているメインのシンセと「808 subbass」の作り方は要チェックだ。

── シンセというと、まずは「Chords」というトラックがありますね。

はい。9小節から入ってきますね。この「Chords」は名前の通りコードを白玉で鳴らしています。音色は「Retrologue」で、「Default」から自分で作ったものです。先ほどお話した「hard piano」と同様、これも同じ4小節の繰り返しなので「Retrologue」の「CUTOFF」のパラメーターをオートメーションさせて動きを出しています。

↑「Chords」トラックのオートメーショントラックを表示すると、「Retrologue」のフィルター「CUTOFF」が緩やかに上下していることがわかる

── このコードのトラックは、EQ処理もされているようですね。

結構下の成分も出ていたので、EQでローカットしています。曲の構成上、この後にベースやメインのシンセも出てきますから。

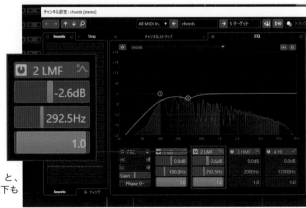

➡「Chords」トラックのEQを確認すると、「295.5Hz」付近で「-2.6dB」、「100.0Hz」以下も大胆にローカットされている

—— 「Frequency2」で行なったことについても教えてください。

ここでは主にちょとだけ飛び出ている帯域をピンポイントで削っています。普通のEQだと、カットやブーストをしたらしっぱなしですけど、この「Frequency2」では各バンドに新搭載されたダイナミックEQを有効にすることで、その音がきたときだけEQが掛かるのでいいですね。マスタートラックなので、あくまでも微調整するレベルです。

—— 「MultibandCompressor」に関しては？

サウンドを整える目的ですね。マルチバンドでかけているのに意味があって、低い音ほどアタックを遅く、高い音ほどアタックが早い設定になっていて、一般的に良い2ミックスと言われる「なだらかな右下がり」になるように、高域の方をほんの少しだけつぶしています。

—— 「Maximizer」についてはいかがでしょうか。

僕の場合、「OUTPUT」を「-0.2dB」にしておいて、どれだけ音圧を上げてもここで止まるようにしています。ただ、どれだけといっても限度があって、2ミックスのニュアンスが崩れないように「GR（ゲインリダクション）」が「-3〜-4dB」程度ですかね。それを目安に「OPTIMIZE」のツマミを調整しています。

➡音圧アップに欠かせない「Maximizer」。この楽曲では「OPTIMIZE」は「33.0％」となっている

—— 最終的に「SuperVision」でも確認されていますよね。

はい。バージョン11で新搭載されたやつでカッコいいですね（笑）。周波数とかもこれだけ細かく表示されるのはすごいです。ちなみに、マスタートラック「Stereo Out」の「INSERTS」のバイパススイッチを押しても、この「SuperVision」だけは残ってくれるんですよね。エフェクトを掛ける前と後の比較をしやすくするためだと思うんですけど、こういった細かい使い勝手もすごく考えられているなと思います。

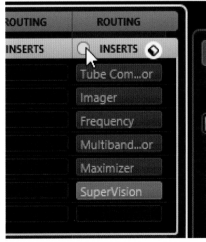

➡「Stereo Out」の「INSERTS」をバイパスしたところ。このように「SuperVision」だけはオフされない仕組みになっている

POINT よく使うショートカットについて

最後にCUTTさんとJUVENILEさんにCubase11で作業する際によく使うショートカットについて聞いてみた。2人がよく使用するショートカットのベスト5は以下の通りだ。

CUTT

僕は自分でショートカットをカスタマイズして割り当てて使うことが多いんです。一番多く使うのは「インプレイスレンダリング」で、「shift」+「R」を押せば、すぐにMIDIをオーディオに変えられるようにしています。あと、「shift」と数字の1〜4で、グリッドの間隔を1/4、1/8、1/16、1/32にすぐに変更できるようにしています。キーエディターなどでフレーズを打ち込む際は、このショートカットがあるだけで随分と作業効率が上がりますね。

❶「shift」+「R」（インプレイスレンダリング）
❷「command」+「B」（選択イベントから独立ファイルを作成）
❸「command」+「E」（書き出し「オーディオミックスダウン」）
❹「T」（VariAudioの「ピッチをクオンタイズ」）
❺「shift」+「1〜4」（MIDIのクオンタイズプリセット）

上記のショートカットは、すべてCubase11のデフォルトでは設定されていません。
「編集」メニュー→「キーボードショートカット」でCUTTさんが割り当てて使用しているものです。

JUVENILE

左右の拡大／縮小の「G」と「H」はダントツでよく使っています。「shift」と組み合わせて、トラックの上下の拡大／縮小も使う頻度は高いですね。あと、Cubaseでは意外とショートカットが割り当てられていないものもあって、僕の場合、アクセスする機会の多い「インストゥルメントを編集」や「チャンネル設定の編集」に関しては自分の好きなキーにアサインして使っています。「キーボードショートカット」では、やりたい操作を言葉で検索することもできるので、例えば「チャンネル設定の編集」と検索して任意のキーを登録する感じですね。

❶「G」または「H」（左右のズームイン／ズームアウト）
❷「shift」+「G」または「H」（上下のズームイン／ズームアウト）
❸イベントを「P」で選択して「/」（選択したイベントをループ）
❹「3」と「4」（「分割」ツールと「のり」ツール）
❺「I」や「F6」（インストゥルメントを編集）／「E」（チャンネル設定の編集）

⑤のショートカットは、Cubase11のデフォルトでは設定されていません。
「編集」メニュー→「キーボードショートカット」でJUVENILEさんが割り当てて使用しているものです。

steinberg
CUBASE 11
攻略BOOK

2021年2月26日　初版発行

著者：東　哲哉
協力：間瀬哲史、平沢栄司、目黒真二、CUTT、JUVENILE

表紙・フォーマットデザイン、DTP：老田　寛［有限会社プロスペリティ］
制作：株式会社ミュージック・マスター
発行所：有限会社サウンド・デザイナー

steinberg
CUBASE 11
攻略BOOK

2021年2月26日　初版発行

著者：東　哲哉

協力：間瀬哲史、平沢栄司、目黒真二、CUTT、JUVENILE

表紙・フォーマットデザイン、DTP：老田　寛 [有限会社プロスペリティ]

制作：株式会社ミュージック・マスター

発行所：有限会社サウンド・デザイナー